उर्दू की मिठास

सरल हिंदी शब्दकोष उर्दू-हिंदी का संगम

अजय शर्मा

Copyright © Ajai Sharma
All Rights Reserved.

This book has been self-published with all reasonable efforts taken to make the material error-free by the author. No part of this book shall be used, reproduced in any manner whatsoever without written permission from the author, except in the case of brief quotations embodied in critical articles and reviews.

The Author of this book is solely responsible and liable for its content including but not limited to the views, representations, descriptions, statements, information, opinions and references ["Content"]. The Content of this book shall not constitute or be construed or deemed to reflect the opinion or expression of the Publisher or Editor. Neither the Publisher nor Editor endorse or approve the Content of this book or guarantee the reliability, accuracy or completeness of the Content published herein and do not make any representations or warranties of any kind, express or implied, including but not limited to the implied warranties of merchantability, fitness for a particular purpose. The Publisher and Editor shall not be liable whatsoever for any errors, omissions, whether such errors or omissions result from negligence, accident, or any other cause or claims for loss or damages of any kind, including without limitation, indirect or consequential loss or damage arising out of use, inability to use, or about the reliability, accuracy or sufficiency of the information contained in this book.

Made with ♥ on the Notion Press Platform
www.notionpress.com

यह पुस्तक उन सभी महान व्यक्तियों के नाम समर्पित है, जिन्होंने उर्दू भाषा और साहित्य को अपनी रचनाओं, विचारों और योगदान से नई ऊंचाइयां दीं। विशेष रूप से, मैं इस पुस्तक को उर्दू के महान साहित्यकारों और शायरों, जैसे अहमदफराज, फ़ैज़अहमदफ़ैज़, मिर्ज़ाग़ालिब, अल्लामाइक़बाल, सआदतहसनमंटो, नसीरक़ज़मी औरइस्मतचुगताई के नाम समर्पित करता हूँ। उनके विचारों और शब्दों ने न केवल उर्दू साहित्य को समृद्ध किया, बल्कि पूरी दुनिया को एक नई दृष्टि और संवेदनशीलता दी।

यह पुस्तक उन सभी लोगों को समर्पित है, जिन्होंने उर्दू भाषा और साहित्य के प्रति अपनी निष्ठा और प्रेम से इसे हमेशा जीवित रखा।

क्रम-सूची

प्रस्तावना

कुछ शब्द - अजय शर्मा

"उर्दूकीमिठास" (Urdu ki Mithaas) पुस्तक उर्दू भाषा और उसकी समृद्ध साहित्यिक धरोहर को सीखने का एक सरल, सुलभ और आकर्षक तरीका प्रस्तुत करती है। यह किताब विशेष रूप से उन लोगों के लिए बनाई गई है जो उर्दू से मोहब्बत तो करते हैं, लेकिन भाषा की कठिनाइयों और अपरिचय के कारण इसका सही आनंद नहीं ले पाते। लेखक अजय शर्मा ने इस पुस्तक के माध्यम से उर्दू शब्दों और मुहावरों को हिंदी में समझाने की कोशिश की है, ताकि पाठक उर्दू के सौंदर्य को अधिक गहराई से समझ सकें और इसे अपने जीवन में सहजता से शामिल कर सकें।

यह पुस्तक किसी पारंपरिक शब्दकोश की तरह नहीं है, बल्कि इसमें उर्दू शब्दों और उनकी व्याख्याओं को एक आकर्षक और दिलचस्प रूप में प्रस्तुत किया गया है। शब्दावली को हिंदी में सरल और स्पष्ट तरीके से दिया गया है, ताकि पाठक आसानी से इन शब्दों को समझ सकें और उनके अर्थ का सही अनुभव कर सकें। इसमें वे शब्द और मुहावरे शामिल हैं, जो उर्दू शायरी, साहित्य और आम बातचीत में प्रचलित हैं, और जो अब हिंदी के शब्दकोश का भी एक अहम हिस्सा बन चुके हैं।

उर्दू भाषा का इतिहास और उसके साहित्य का योगदान भारतीय संस्कृति में बहुत महत्वपूर्ण है। उर्दू शायरी और साहित्य में प्रयुक्त शब्द न केवल एक विशेष तरह की भावनाओं और विचारों को व्यक्त करने के लिए उपयुक्त होते हैं, बल्कि वे भाषा

की सुंदरता, नफासत और प्रभावशीलता को भी उजागर करते हैं। इस पुस्तक में पाठक उर्दू के उन शब्दों से परिचित होंगे, जो रोजमर्रा की जिंदगी में भी इस्तेमाल होते हैं, और शायरी के माध्यम से जिनसे हमारी भावना और व्यक्तित्व की अभिव्यक्ति होती है।

लेखक ने विशेष ध्यान दिया है कि इस शब्दकोश में वे सभी महत्वपूर्ण उर्दू शब्द शामिल हों, जो हिंदी के साहित्यिक और सामाजिक परिवेश में अब घुल-मिल चुके हैं। इसका उद्देश्य सिर्फ शब्दों का अर्थ बताना नहीं है, बल्कि उन शब्दों के भावनात्मक और सांस्कृतिक संदर्भ को भी स्पष्ट करना है, ताकि पाठक न केवल इन शब्दों का सही अर्थ समझें, बल्कि उनका सही संदर्भ में उपयोग भी सीख सकें।

यह पुस्तक नई पीढ़ी के उन युवाओं के लिए बेहद उपयोगी है जो उर्दू शब्दों, मुहावरों और शायरी के प्रति आकर्षित हैं, लेकिन उर्दू भाषा से अपरिचित होने के कारण उन्हें इनका सही समझ नहीं होता। किताब में दिए गए सरल उदाहरण और व्याख्याएं पाठकों को उर्दू भाषा की बारीकियों को जानने और समझने में मदद करती हैं।

संक्षेप में, *"उर्दूकीमिठास"* न केवल एक शब्दकोश है, बल्कि यह एक महत्वपूर्ण मार्गदर्शिका है, जो उर्दू भाषा के सौंदर्य और शिष्टाचार को समझने में मदद करती है। यह किताब आपको उर्दू भाषा और साहित्य से परिचित कराती है, और आपको एक सुसंस्कृत व्यक्ति बनने की दिशा में एक कदम और आगे बढ़ाती है।

भूमिका

<u>उर्दू की मिठास - कुछ विशेष उल्लेख</u>

* भाग 1 में उन उर्दू शब्दों को सूचीबद्ध किया गया है जो हम सभी के द्वारा अक्सर प्रयोग में आते हैं। इन शब्दों को सरल हिंदी में समझाने की कोशिश की गई है, ताकि उर्दू भाषा के प्रति हमारी मोहब्बत और गहरी हो सके।

* उर्दू में, एक शब्द के कई अर्थ होते हैं और इस प्रकार सभी अर्थ सूचीबद्ध किए गए हैं, ताकि पाठक हर संदर्भ में शब्द का सही अर्थ समझ सकें और उसका सही उपयोग कर सकें।

* इस पुस्तक का उद्देश्य उर्दू के शब्दों और मुहावरों को सरल तरीके से हिंदी में प्रस्तुत करना है, ताकि न केवल उर्दू के सौंदर्य को समझा जा सके, बल्कि उसे दैनिक जीवन में भी सहजता से इस्तेमाल किया जा सके।

* उर्दू भाषा का विशेष महत्व है क्योंकि इसके शब्द न केवल शायरी और साहित्य में, बल्कि आम बातचीत में भी प्रचलित हो गए हैं। इन शब्दों का सही अर्थ समझकर हम अपनी भाषा को और अधिक समृद्ध बना सकते हैं।

* यह पुस्तक उन लोगों के लिए भी लाभकारी है जो उर्दू को समझने की इच्छा रखते हैं, लेकिन इसके जटिलताओं और कठिन शब्दों के कारण इसका सही आनंद नहीं ले पाते। इसे

सरल भाषा में समझाकर, यह पुस्तक उर्दू के प्रेमियों के लिए एक पुल का काम करती है।

पावती (स्वीकृति)

इस पुस्तक को पूरा करने में मेरे परिवार, दोस्तों और सभी प्रियजनों का अनमोल योगदान रहा है। उनके समर्थन और प्रेरणा से ही यह संभव हो पाया। सभी का धन्यवाद, आपका साथ मेरे लिए बेहद मायने रखता है।

अध्याय1

अनुक्रमणिका

अध्याय 1

रोजमर्रा कीबातचीतमेंअक्सरइस्तेमालहोनेवालेउर्दूशब्द

अध्याय 2

हिंदीवर्णमालासेशुरूहोनेवालेशब्द : उर्दू-हिंदीकासंगम

- अ से शुरू होने वाले शब्द
- आ से शुरू होने वाले शब्द
- इ से शुरू होने वाले शब्द
- उ & ऊ से शुरू होने वाले शब्द
- ए से शुरू होने वाले शब्द
- ऐ से शुरू होने वाले शब्द
- ओ ,औ से शुरू होने वाले शब्द & संबंधित शब्द
- क से शुरू होने वाले शब्द & संबंधित शब्द
- ख से शुरू होने वाले शब्द & संबंधित शब्द
- ऋ से शुरू होने वाले शब्द
- ग से शुरू होने वाले शब्द & संबंधित शब्द

- च से शुरू होने वाले शब्द & संबंधित शब्द
- ज से शुरू होने वाले शब्द & संबंधित शब्द
- त से शुरू होने वाले शब्द & संबंधित शब्द
- द से शुरू होने वाले शब्द & संबंधित शब्द
- न से शुरू होने वाले शब्द & संबंधित शब्द
- प से शुरू होने वाले शब्द & संबंधित शब्द
- फ से शुरू होने वाले शब्द & संबंधित शब्द
- ब से शुरू होने वाले शब्द & संबंधित शब्द
- म से शुरू होने वाले शब्द & संबंधित शब्द
- य से शुरू होने वाले शब्द & संबंधित शब्द
- र से शुरू होने वाले शब्द & संबंधित शब्द
- ल से शुरू होने वाले शब्द & संबंधित शब्द
- श से शुरू होने वाले शब्द & संबंधित शब्द
- स से शुरू होने वाले शब्द & संबंधित शब्द
- ह से शुरू होने वाले शब्द & संबंधित शब्द

अध्याय 1 - रोजमर्रा की बातचीत में अक्सर इस्तेमाल होने वाले उर्दू शब्द

अहदे वफा : वादा निभाना

मताअ कूचा : ऐसे स्थान जहाँ आज्ञा माननी आवश्यक हो

तल फ्फुज़ : उच्चारण मुंह से शब्द निकालना

तसव्वुर : ख्याल, विचार

हयात : जीवन जिंदगी

वेखुदी : वे खवरी, अचैतन्यता

हिज्जीर : स्वभाव, आदत

जुस्तजू : तलाश

मुक्तकिल : स्थाई लगातार

दिल नशी : जो दिल में बेठा गया हो

फलक : आसमान

तफ्सील : खोलकर विवण सहित

मुना फ़कत : दिल में कुछ और मुंह में कुछ और. कुछ और

तलबगार : इच्छु अभिलाषी

यकलख्त : अचानक आकस्मिक

मुत्मइन : संतुष्ट वेफिक्र खुशहाल

तिजारत : व्यापार, सौदागरी

मुसल्सल : लगातार

फुर्कत के जमानेः वियोग का समय

जहे नसीब : अहो भाग्य

कफतन : चीर फाड़ शल्य चिकित्सा

अहले वफा : वफा करने वाला

मरहमे : अनु कम्पाये

वेज़ार : मुंह फरे विमाक्ता खुश
उलफत : प्रेम स्नेह, मुहब्बत
काफिले : यात्रियों का समूह
बेनजीर : बेमिसाल
गम गुसार : गम रव्वार
कनीज : दासी बाँदी
काफिर : सत्य छिपाने वाला
मकदूर : शक्ति, बल
हय्यात : बहुत से साँप
नजीर : उदाहरण
फाजिल : पढ़ा लिखा
हिमाकत : वेवकूफी, मूर्खता
माजरा : हाल, घटना
पशेमान : लज्जित, शर्मिन्दा
इन्तीखाब : बहुतो में से चुनना
जोहरे जवीन : वीनस जैसी खूब सूरत
फतूवा : धार्मिक विषय में लिखित आदेश
महजवी : चांद जैसा माथा रखने वाली
शोख : चंचल, चपल
सुभान अल्ला : अल्ला की तारीफ
इर्तिदा : चादर, ओढ़ना
आगोश : अंक गोद, वगल
रवानी : प्रवाह धार, तेजी
सरगोशी : काना फूसी
सबा : पूर्वांहवा, मंद जमीर
माश अल्लाह : वाह वाह, खूब खूब
दिलगीर : दुखित रंजित

सह कशाँ : छाया पथ, आकाश गंगा

शबाब : युवा अवस्था

पयाम : पैगाम खबर

जिश्त : खराब, बुरा

तकब्बुर : अभिमान, धमण्ड

बेखुदी : बेखबरी, अचेतन्यता

खलिश : चुभन, फिक्र

बद गुमानी : किसी और से बूरी धारणा रखनी

मुक्तलिक : पृथक, अलग

अख़लाक : शिष्टाचार

अंहदे : प्रतिज्ञा, इकरार, वचन

जहेनसीब : अहो भाग्य

फसाना : वृतांत, हाल किस्सा कल्पित साहित्य

सोज : जान जलाने वाला

विस्मिल : घायल, जख्मी

विस्मिल्लाह : किसी कार्य को भगवान के नाम से शुरू
करना

दिलबरी : माशूकी

महाजवी : चांद जैसा उज्जवल माथा रखने वाली

कुफ़र : नाशुक्री अस्वीकृति

चश्मे वद्दूर : एक आर्थिरवाद की किसी की तुम्हे नजर लगे

कशिश : आकर्षण, खिंचाव

कुर्बत : नजदीकी, सामीप्य

गुँचअे वफा : कोमल साथ

रकीब : दो व्यक्ति जो एक स्त्री से प्रेम करते हो आपस में
रकीब होते है

फुर्क़त : वियोग, विरह, जुदाई

दुफ़अतनः : सहसा, अक्समात, अचानक

फ़ुरोज़ाँ : प्रकाशमान, रोशन

फ़ज़ा : खुली हुई जगह, वातावरण

जहमत : कष्ट, क्लेश

जहालत : मूर्खता, वेवकूफी

चुनाचे : अतः इसलिये, नतीजे में

तहरीर : लिखना, हाथ की लिखावट लेख

तस्लीम : सौपना, सलाम करना, कबूल करना

ग़ाफिल : वेहोश, बेखबर, आलसी

ग़ालिबन : संभवतः कदाचित, शायद , निश्चित

गुमाश्तः : नियुक्त किया हुआ एजेन्ट कारकुन यावाला

फितरती : चालक धुर्त, झूठी बात बनाने वाला

रहनुमा : आगे आगे चलनपे वाला, रास्ता बताने वाला

रहगुजर : आम रास्ता, राजमार्ग

रहबरी : रास्ता चलना, मुसाफिरत

रूख्सार : कपोल गाल

रक्कासः : नर्तकी, नाचने वाला

पशेमान : लज्जित, शर्मिन्दा, संकुचित

मुतवादिर : तुरन्त समझ में आ जाने वाला

तख्तेताअस : शहाॉजहाँ का बनवाया हुआ सिंहासन

खुदआरा : अपने आप को सवॉर कर रखने वाली

मुनब्बर : उज्जवल, रोशन, प्रकाश मान

दय्यार : निवासी, घरवाला

दरदाजी : चुगलखोरी

बाॉकपन : शर्म की आदत, शर्मीलापन

तवस्सुम : हल्की हँसी (मुस्कान)

बादे सबा : सवेरे की पूर्व हवा

बहर हाल : हर हाल में, हर प्रकार से

नाज़नी : मृदुल, कोमल, नाजुक, सुन्दरी

नाशशअे मय : शराब का नशा

तौबा शिकन : की हुई तौबा को तुड़वाने वाली बात

फल्सफ : दर्शन शास्त्र तर्क, दलील

कमतर : बहुत कम

मुख्तलिफ : विभिन्न,, दूसरे प्रकार का, अलग

मुखातिब : बोलने वाला, बात करने वाला

दिलकशी : भाग्यशाली

मगनून : पागल

धोरे पे : जीवन को सही रास्ते पर लगाना

ज़र्रे : कण, कण

सबरो करार : धर्म और शान्ति

वॉकपन : छैला पन, अलवेलापन

सादाये : आवाज, पुकार

रूखसार : गाल, कपोल

परस्तिश : पूजा, आराधना, बहुत अधिक प्रेम

लज्जत : स्वाद मजा, आनन्द, लुत्फ

शाहेखुबा : सबसे खूब सूरत लड़की

पशेमा : लज्जित, संकुचित, पश्चाताप, अफसोस

कसीर : छोटा

कसीर : खण्डित

सूरत : आकृति

सूरत : अध्याय

हिरासत : काश्तकारी

हिरासत : निगरानी में

जरूर : अवश्य

क़ज़ा : मृत्यु

ख़बीस : कुटिल

खंबीस : मसखरा

खबीस : एक स्वादिष्ट आहार

ज़िल्लत : भूलचूक

ज़िल्लत : अपमान

ज़िल्लत : भटक जाना

जज़ा : अच्छा प्रतिकार

सहर : प्रातकाल

सहर : जागरण

सम्त : चुप

सम्त : दिशा

हज़ामत : प्रवीणता

हाज़ी : निन्दा करने वाला

हार : तप्त

अम्तिहान : अपमानित करना

अज़ूहार : प्रगट करना

अज़ूहार : दीपक जलाना

आलिम : विद्वान

आलिम : दुखदाई

अमल : कर्म

हुसून : सौन्दर्य

हुसून : सतीत्व

तरतीब : भिगोना

अत्तार : सहसी शूर

कसूरत : वाहुल्य

ईज़ाद : ज़ियादती

ईजाद : अविष्कार
सबाव : पुण्य
सवाव : यर्थात
हाल : नृत्य
हजूम : मोटाई
हज़म : दूरशिता

अध्याय 2 : हिंदीवर्णमालासेशुरूहोनेवालेशब्द : उर्दू-हिंदीकासंगम

(अं)

अंगल्यून : बाइबिल

अंगारः : रेखा चित्र, खाका

अंगारदः : तसब्बुर, अनुभूत

अंगारिश : वृतान्त, अफसानः

अंगुज़ः : हींग

अंगुश्त : ऊँगली

अंगुश्त नुमाई : कुख्याति, वदनामी

अंगुश्त पेच : वचन, प्रतिज्ञा

अंगुश्तरी : अँगूठी

अंगुश्ते नर : अँगूठा

अंगेख्तः : उभारा हुआर, उत्तेजित

अंगेज़ः : कारण, सबब

अंजुमन आरा : सभा की शोभा बढ़ाने वाला

अंजूगीदन : चेहरे आदि पर शिकन पड़ना

अंतुन्न : तुम बहुत सी औरतें

अंतुम : तुम बहुत से मर्द

अंदक : अल्प, न्यून, थोड़ा

अंदर्ज़ : नसीहत

अंदर्वा : परेशन, चकित, हैरान

अंदाम : शरीर, देह, जिस्म

अंदीक : आशा है, उम्मेद हैं

अंदीदन : अचम्भे से बात कहना

अंदूदनी : लेप के योग्य मुलम्मा करने योग्य

अंदुहाँ : दुखित, गमगीन

अंदेश : सोचने वाला, वदअंदेश (बुरा सोचने वाला) खेर अंदेश (अच्छा सोचने वाला)

अंदोख़्तः : संचित धन, समफ्ती

अंदोह : कष्ट रंजः क्लेश

अंबः : आम

अंवाग : सौत, स्त्री (एक व्यक्ति जिसे दोस्त्री हो)

अंबाज़ : भागीदार पार्टनर

अंवाजी : शिर्कत साझा, संगत

अंबान : छोटी मशक

अंवाने निफ्त : चमड़े का कुप्पा

अंवाने वाद : चमड़े की धोकनी

अंसारी : जुलाहो की उपाधि

अलिफ : अरबी, लिपिका पहला अक्षर (अं)

अअज़्ज़ : बहुत अजीज, अत्यंत प्रिय

अआजिम : गूँगे लोग, बड़े बड़े लोग

अअम्मः : चचा लोग

अकाजीब : सारहीन बाते, झूठी बातें

अक़ारिब : रिश्तेदार करीबी लोग

अक़ालीम : बहुत से देश

अकीद : दृढ़, मजबूत, पुख्त

अकील : साथ खाने वाला

अकूल : बहुत खाने वाला

अक्कार : किसान, कृषकः

अक्जब : बहुत बड़ा झूठा

अक्जल : लँगड़ा पंगु

अक़्दर : बहुत मैला

अक़्दस : बहुत पवित्र बहुत कल्याणकारी

अक़्दह : बहुत खराब

अक़्फ़ा : बहुत से खानदान

अक्म : जन्म जात अंधा

अक्मर : निहायत गोरा

अक्रूपस : बड़ा अक्ल मन्द

अकरम : अति दानी

अकल : खाना भोजन करना

अक्रूबा : सबसे वलवान

अक्रू वाब : बिना पेंदे को लोटा अस्थिर बुद्धि

अकशफ़ : निहत्था

अख़स : बहुत ही खास

अरव स्सुल खसीस : धन पिशाच, अधिक कृणण

अरवस्सल खास : खासो में खास, मुख्यतम

अखिददः : सुरंगें

अख़िल्ला : मित्रगण

अख़ी (अख़ी) : मेरा भाई

अख़ीर : मौत का समय

अखुन : उस्ताद, शिक्षा देने वाला

अख़ अख़ : वाह वाह खूब खूब

अख़चः : सोने चांदी का टुकड़ा

अख़्ज़र : गहरे हरे रंग में रंगा हुआ

अख़ः खानः : तवेला, अश्वशाला

अख़्तर : तारा, सितारा

अख़तर शनास : ज्योतिषी

अख़्तर शुमारी : तारे गिनना
अख़्तान : दमाद लोग
अख़्दान : मित्रलोग
अख़फश : निर्वल आंखों वाला चुँधा
अख़्बस : बहुत बड़ा पापी, असंस्थत दुष्ट
अख़्म : मोथ की शिकन
अख़ूयार : भलाईयाँ, नेकिया
अख़रस : गूँगा, मूक
अखूलकंद : बच्चों का खिलौना
अखलाकी : शिष्टाचार संबंन्धी
अखलाके आलिया : उच्च कोटी का शिष्टाचार (शिष्टाचार)
अखलके हसन : अच्छे शिष्टाचार
अखलात : पित्त, कफ
अख़ूवालः : वहनोई, मौसा, ध्वजाएँ
अखसम : लम्बे नाके वाला
अग़ाइद : कोमल अंगो वाली
अंगार : उकसाना, प्रेरणा देना
अगालीत : बहुत गिलतयां भूलें
अगालीदन् : शोर करना
अग़ीर : मुंह, आनन
अग़ूतम : अस्पष्ट
अगतश : कमजोर आँख वाला
अग़्फ़र : बड़ा छिपाने वाला
अग़्पार : गैर लोग
अग़ूरब : बहुत अजीव
अग्राज़ : खुद गर्जियां
अख़ूलत : अत्यंत झूठ, बिलकुल मिथ्या

अग़लबऩ : निश्चय यकीनी

अगूलाजे ऐमान : बुरी बुरी कसमें

अगूवार : गहरे गड्ढे

अग़शिम : पर्दे

अच्ची : बड़ा भाई

अजल : बहुत बुजुर्ग

अजल गिरफ़्तः : जो मौत के मुंह में हो

अज़हद : अत्याधिक, वेहद

अजा : कष्ट दुख, यातना

अजाइफ़ : मेहमान लोग

अजाज : कड़वा, खारी

अज़िमः : दुर्भिक्ष का कष्ट, कहत की तकलीफ

अजीयत : कष्ट यातना

अज़ूरः : मेहनताना

अज्का : बहुत ही प्रतिभाशाली

अज़्का : बहुत ही पवित्र

अजूवर : बहुत ही तीव्र गंध वाला

अज्ग़ास : धास के मुट्ठे जिसमें सूखी गीली घास

अज़ूदहा : अजगर

अजरामे फ़लकी : सूरज चाँद सितारे

अज़ूरार : हानियाँ, नुकसानात

अजुरे जाइज : उचित महनताना

अज़ूलम : बहुत अत्याचारी

अज़ूहर : बहुत अधिक प्रकाशमान

अता : पिता

अदात : औजार, उपकरण

अदाशनास : स्वामी की मन की जानने वाला

अदीब : साहित्यकार, कलाकार

अदना : तुच्छ, अधम

अनव : बैंगन

अनलूबर्क : मैं बिजली हूॅ

अनलूबहर : मैं समुद्र हूॅ

अनल्लाह : मैं ईश्वर हूॅ

अना : माता, माँ

अनाम : जनता, सर्वसाधारण

अनामिल : ऊँगलियो के सिरे

अनीक़ : अदभुत, मनोरम, हसीन

अनीन : कराहना, आह करना

अनीस : नर्म लोहा मित्र

अनूईदून : मृतक के लिए रोना

आनौश : खुशहाल नौजवान दुल्हा जिसकी नयी शादी हुई हो

अनवर : बहुत अधिक चमकदार

अफाज़िल : प्रतिष्ठित जन, बड़े लोग

अफ़ानीन : वृक्ष की डाले

अफ़ीमन : वह औरत जो अफीम का नशा करे

अफ़ील : जवान ऊँट

अफ़गंदः : फेका हुआ

अफ़्फाक : बड़ा झूठा

अफ़रोख़्तः : जलाया हुआ, गुस्से में उत्तेजित

अफलातून : उस्तादो का उस्ताद, बड़े हकीम का नाम

अफ़वाज : फौजें सेनाएँ

अफ़शार : निचोड़, निचोड़ने वाला

अफ़्सां : मायावी, जादूगर

अफ्सान नवीस : उपन्यास लेखक कहानीकार

अफ़सार : धोड़े की वागडोर

अफ्सुर्दः दिन : उदास चित

अब्का : बहुत रोने वाला

अब्ख़ल : बहुत अधिक कंजूस

अब्तर : वदहाल, अस्तव्यस्त

अबूरद : अति सर्दी

अबूरस : सफेद कोढ़ कारोग

अबूरे ग़लीज : काली घटा

अबूरे वहराँ : बरसात के बादल

अब्सार : अक्ल मंदी

अबूहा : सुंदरतम, खुशनुमा

अमान : हिफाजत शांति, सुकून

अमीरूल उभरा : शाही जमाने की एक बड़ी पद वी बहुत अमीर

अमीरूल मोमिनीन : इस्लाम का सबसे बड़ा हाकिम

अमीरं नहूल : हजरत अली की उपाधि

अमीरे लश्कर : फौज का सरदार

अम्जद : अत्यंत बुजुर्ग

अम्मा : लेकिन मगर, किन्तु

अमूरद : बिना दाढ़ी मूंछवाला लड़का

अरक : कोट दुर्ग किला

अरश : कोहनी से ऊँगलियों तक हाथ

अरजिअ नौ तरददुद : खेती के लिये तैयार जमीन

अरजिअ फ़ुतादः : बंजर जमीन

अरजिअ शोर : वह जमीन जिस पर खार के कारण खेती न हो सके

अरजिअ सकनी : वह जमीन जिस पर रहने के लिए घर

बनाते है

अराजिल : कमीन लोग

अरा ज़ी : खेतों की जमीनें

अराजी जलकर : वह जमीन जिसमें खेती के लिये पानी जमा किया जाये

अराजीफ़ : अफ़ूवाहें

अराबः : गाड़ी शकट, छकड़ा

अराबची : गाड़ी बान, गाड़ी हाँकने वाला

अरामिल : विधवा स्त्रीयाँ

आरिश : प्रतिभावाभान, चतुर, प्रवीण होशियार

अरी : मधु, शहद

अर्जः : दीमक, एक कीड़ा

अर्ज : जमीन

अर्ज़ाफरोशी : सस्तामाल बेचना

अर्बावे अक़्ल : अक्लमंद लोग

अर्बावे अदालत : अदालत के अधिकारी

अर्मल : अकाल, असहाय

अलंग : मोर्चा, फौज

अंलगू : काँच की चूड़िया

अलम अंगेज : दुख बढ़ाने वाला

अलिफे कामताँ : पलकें, निगाह

अलू अ़जब : कितने आश्चर्य की बात है

अलू अजल : जल्दी करो

अलू अतश : प्यासं के समय बोलते है। हाय पानी

अल अमान : घबराहट के समय बोलते है बचाओ

अल आन : अब तक

अलूक़त : बस, ख़त्म

अल्कन : तोतला

अलख़न : कुबड़ा

अलजबूरा : बीज गणित

अल्ज़म : आवश्यक अनिवार्य

अल्ताफ़ : मेहरबानियाँ

अल्तून : सुर्वण सोना

अल्फ़ : हजार, सहस्त्र

आलूफिराक़ : जुदाई के समय, निराशा व अफसोस के शब्द

अलमदद : भय के समय सहायता करो बचाओ

अलमस्त : नशेमेचूर, बहुत ही मस्त

अश्तात : अस्त व्यस्त, तितर वितर चीजें

अशफाक़ : अनुकंपाएँ कृपाएँ

अशयाअ : मित्र मण्डल

अश्यास सर्फ़ : रोजमर्रा की उपयोग की चीजें

अशरफ़ : अच्छे कुल का

अशूराऱ : बुरे लोग, दुष्ट लोग

अशूहर : बहुत मशहूर

असदः : सिंह, शेर

असदुल्लाह : अल्लाह का शेर

असस : नींव, बुनियाद

असाफ़ीर : गौरैया घरेलू चिड़िया

असावत : बदला देना

असील : कुलीन, शरीफ खरा, उत्तम

अस्ना : बहुत ऊँचा

अस्फा : बहुत स्वच्छ जाफ

असूयाफ़ : गर्मी का मौसम

असलम : बूचा, जिसकेकान कटे हो

अस्लामु अलैकम : मुसलमानों का सलाम

असहावे फ़हम : बुद्धिमान लोग

असूहावे मिन्कल : लंगोटिया दोस्त

अहद : ईश्वर, खुदा

अहद अशर : ग्यारह, एकादश

अहब : बहुत प्यारा

अहकमुल हाकिमीन : हाकिमो का हाकिम यानी खुदा

अहकामे दरमियानी : बीच के हुंकम अन्तिम फैसले से पहले के आदेश

अहूकामे नातिक़ : यकीनी आदेश

अहूमक़ : बहुत ही मूर्ख

अहूमज़ : खट्टा

अहूला : बहुत ही मीठा

अहलियः : पत्नी, जोरू

अहलीयत : योग्यता, काबलीयत

अहलुल्लाह : खुदा को जानने वाले

अहले अज़ा : मातम करनेवाले

अहले अदम : यम लोक के निवासी

अहले ज़िल्म : काफी पढ़े लिखे लोग

अहले कलम : लेखकगण

अहले ख़ान : घर के मालिक पाविरिक पत्नी

अहले ख़ैर : दानी लोग

अहले गरज़ : जरूरत वाले लोग

अहूले जूरी : जजो का समूह

अहले दवल : दौलतमंद

अहले दुनिया : संसार के लोग

अहूले नज़र : पारखी तेज बुद्धी वाले

अहूले महल्ल : एक मुहल्ले के निवासी

अहूले रज़्म : सैनिक, फौजी

अहूले राए : अक्लमन्द

अहले बतन : देश वासी

अहले सूरत : बाहरी, तड़क भड़क दिखाने वाला

अहले हुनर : कलाकार

अहवज : लम्बातड़ंगा व्यक्ति, जल्दबाजी करने वाला

अहसन : अति सुन्दर

अहह : खाँसना, खाँसी की आवाज़

(आ)

आंकस : अंकुश हाथी हॉकने का

आंगज : श्रीमान, जनाबे वाला

औ हज़रत : वह वुजुर्ग, वह सरदार

आइन : सहायक मददगार

आइब : फिरने वाला

आईनः वन्दी : बड़े व्यक्ति के के आने पर बजार सजाना

आख़ून : अध्यापक, उपदेशक

आख़ूर : जानवरों के चराने की जगह

आचा : पिता, बाबा, नाना, बुर्जग

आजीदन : सिल्वट पड़ना, झुरूरी पड़ना

आजीश : अग्नी, आग

आतश अग्रेज़ : आग भड़काने वाला

आतश ख़ूं : क्रोधित क्रोधी स्वभाव

आतशे बेदूद : सूर्य, सूरज

आतिशे सीन : सीने की आग

आदम गार : दयालू कृपालू

उदमे आवी : जल में रहने वाला मनुष्य

आनिफ़ : पहला वख्त, पहला समय

आफाकी : दुनिया वाला, सांसारिक

आफतवी चेहरा : गोल मूंह वाला

आव कशी : कुंए से पानी निकालने का काम

आदमे सहराई : बनमानुष जंगली आदमी

आदर खश : कड़क जाड़ा

आफ़तजद : मुसीवत का मारा

आब अजसर गुजश्त : पानी सिर से ऊँचाहो गया
विपत्ती सीमा से वढ़ गयी

आवकोर : कन्जूस

आबूज : नदी, नहर

आव तर्जी : रेबीज़ (पागल कुत्ते के काटे से बीमारी)

आबूफ्तन : अपमानित होना

आवुलःदार : जिसके मुंह पर चेचक दाग

आमिर : हुक्कम करने वाला, शासक

आराई : सजाने वाला, सवारने वाली

आरद : आटा पिसा हुआ चून

आरास्त : सजा हुआ घर

आल औलाद : वाल बच्चे बेटा बेटी

आशुफत बयान : झूठा वकवास करने वाला

आसाम : पाप अपराध गुनाह

आसरे क़ियामत : महा प्रलय के लक्षण

आसौर खैर : अच्छे निशानिया

आसूद : धनवान खुशहाल

आसूद खतिर : जिसका मन भरगया

(इ)

इंज़ा : दौड़ना, भागना, छुड़ाना

इंजाज़ : प्रतीज्ञा पूरी करना

इंजार : मोहलते देना, छुट्टी देना

इंजास : गंदा करना

इंतिकास : वादा पूरा करना

इंतिखाब : बहुतो में से थोड़ा जा चुनना

इंतिरवाबे मख्लूत : सब मिलकर कोई चुनाव करें

इंतिशार : तितर बितर होना

इंतिसाक़ : व्यवस्था ठीक करना

इंतिहाज़ : फुर्सत पाना

इंतिहाज़ : किसिलेख की नकल लेना

इंसा : भुला देना

इंसिराफ़ : फिर लौट आना

इआनत : सहायता, मदद

इआरत : उधार देना

इक़ामत : किसी स्थान पर ठहरना

इंक्तिताम : छुपाना गोपन गुप्त

इक्ति फ़ा : अनुकरण पैरवी

इक्तियाव : दुखी होना

इंक्तिशाफ : पृगट होना, जाहिर होना

इक्वास : शिक्षा देना

इक्माल : पूरा करना, समाप्त करना

इक़राअ : लौटरी डालना, पासा फैकना

इक़राम : दान, अनुदान, दया

इक़्लाल : निर्धनता, साधुता

इक्लील : मुकुट ताज, टोपी

इख्तिजाब : वाला में खिज़ाव लगाना
इख्तिताम : समाप्त होना
इखराजात : व्यय खर्च, वहिष्कार
इख्लाक : पुराना होना, पुरानापन
इख्लास मंदी : सच्चा प्रेम
इड़ितसाल : स्नान करना, नाहना
इंग्ना : मालदार बनाना
इग्ूफा : सोना, आराम करना
इग्मा : वेहोश करना, अचेत करना
इजार दार : ठेकेदार, एकाधिकारी
इजार : पाजामा
इज्ूराम : जुर्म करना, हानी पहुंचाना, पाप करना
इज्लाफ़ : अत्याचार करने वाला
इजाहारे हल्फी : शपथ ग्रहण करके, गवाही देना
इतिआब : वचन देना, वादा करना
इत्तिआब : मुसीवत में डालना
इतिजार : व्यवसाय करना
इतिफ़ाके हसन : शुभ अवसर, अच्छा मौका
इतिराद : काम ठीक होना
इतिलाअ : सूचना खबर
इतिसाक : क्रमबद्ध करना
इतिसाफ : तारीफ़ करना
इत्ति साले हकीकी : एक प्राण होना
इत्तिहाद : मैंत्री, मिलाप
इत्तिहादी : परस्पर एकता व मेल मिलाप
इत्फ़ा : आग बुझाना
इत्फाल : छोटा बच्चा होना

इत्याअ : किसी को लालच में डालना

इत्माम : खतम करना

इत्राव : प्रसन्न करना

इत्रार : धमण्ड करना, बे मौके गुस्सा करना

इत्लाक : वन्धन मुक्त करना

इदाराऐं कलमी : अर्थ विभाग

इदाराऐ निजामी : सैन्य विभाग

इदाराऐ बलदीय : नगर महापालिका

इदारियः : संपदाकीय लेख, ऐडी टोरियल

इद्वार : दरिद्रता निर्धनता, कंगाली

इदमान : खून में तर होना

इद्लाज : रात में सैर करना

इदहाम : काला होना

इना : वर्तन

इनाबत : ईश्व की ओर फिरना

इन्फिलाक़ : फटना, फटजाना

इन्मिलाक : मित्रता दोस्ती

इनुहा : खबर पहुँचना

इन्हाक : तकलीफ देना

इन्हाब : लूटना गारत

इन्निहना : टेढ़ा होना, कुबडापन

इन्हिसार : बाल झड़जाना

इफ़ाज़ : बहुत अधिक दान करना

इफ़ान्दीयत : लाभकारिता

इफ्कार : फाके से होना

इफ्ता : फतवा देना

इफ्तिकाक : अलग होना

इफ्तिकार : दरिद्रता, कंगाली
इफ्तिखार : गर्व गौरव, मान
इफ्तिजाह : फजीहत करना
इफूराक : विमारी से छुटकारा पाना
इफलाह : भलाई करना
इफ्शा : प्रगट करना, जाहिर करना
इफ्शा एेराज़ : भेद खुल जाना
इफ्साद : उपद्रव करना
इव्ति दाई रूसूम : जमींदारी का हक
इब्ते सुब्ह : सूर्य, सूरज
इब्राक : विजली गिरना
इव्राज : प्रगट करना चाहिए
इब्राम : मजबूत करना
इक्खाज़ : शुद्ध दूध पीना
इक्खाश : जला हुआ होना
इक्ति दाद : लम्बाई, विस्तार
इक्तिनाये शराब : शराब बंदी
इमरोज : आज का
इक्लाक : दरिद्रता, फकीरी
इक्लाह : नमकीन करना
इक्सा : हाल वदल जाना
इमहाल : अकाल पड़ना
इमहाश : आग जलाना
इयाव : वापस आना
इयावो जहाब : आना जाना
इयारिज : एलुआ, गुआर पाठा
इलायत : रखवारी करना

इयास : ना उम्मीद होना

इराअत : नुमाइश करना

इरावत : शक करना

इर्दा : मार डालना

इर्शाश : फुहार पड़ना

इर्स : किसी काम का पुश्तो चलना

इला : भलाई, अच्छाई

इल्ताफ : दया करना

इल्तिहाब : आग भड़काना

इल्तिहाम : जख्म भरना

इल्बास : कपड़े पहनना

इल्ूबा : अधिकार छीनना

इल्साक़ : चिपकाना

इल्हान : मधुरकंठ

इश्तिका : गिला करना

इश्फ़ाक : दया करना

इशराब : किसी कार्य का संकल्प करना

इस्ता : प्रशंसा तारीफ

इसराफ : व्यय करना

इसूहाव : बहुत बोलना

ईमान फरोश : ईमान बेचना

ईमाने कामिल : पक्का ईमान

(उ)

उंसीयत : स्नेह मोहब्बत
उकाफ : गधे के पीठ पर डालने का टाट
उक्लीदिस : रेखा गणित
उख्त : बहन
उखूरा : आखिरी, अंतिम
उखुब्बत : भाई चारा
उजाक़ : चूल्हा
उजाज : खारा पानी
उजुन : कान
उज्जबक : मूर्ख अनाड़ी
उज्म : अंगूर
उजत : मजदूरी
उजरते ख़ालिस : किसी काम का बदला नगदी रूप में
उजूरा : वजीफा
उजहूक : जिस पर सब हसें
उत्तू : लोहे का ठप्पा जिसे गरम करके कपड़ा छापते है
उत्रूबः : वह वस्तु जो आनन्द दे बाजा गाजा
उत्रूश : वाधिर, वहरा
उदवा : साहित्य सेबी लोग
उनसा : दोस्त
उफ़ूलु : अस्त होना, डूबना
उफ्ताँ : गिरता पड़ता
उफ्ता दनी : गिरने योग्य जो गिराया जा सके
उलवल : शानो शौकत
उबुव्वत : वाप होना

उम्म : माता, माँ

उमूमीयत : माँ की ममता

उभूरे आम्म : जनसाधारण के कार्य

उमीदवारान : इच्छा पूर्वक

उम्ममुल खवाइस : सारी वुराइयों की माँ (शराव)

उम्मुलजीश : सेना का ध्वज

उम्मुल जराइम : सारे अपराधों की माँ दरिद्रता

उम्मगीला : बवूल का पेड़

उम्मे मिल्दम : तजेपिक मौत की माँ

उरेब : तिरछा, टेढ़ा

उर्जूज : पालना

उर्दू एं मुअल्ला : दिल्ली किले में उच्च कोटी की उर्दू बेगमें बोलती थी।

उर्दू बाजार : सेना बास, छावनी

उलंग : चारागाह

उलाक : गधा, खर

उलुल अज्म : बड़ी हिम्मत वाला

उलुश : गरीबों का खाना जो अमीरों के खाने के बाद बच जाता है

अलूहिय्यत : ईश्ब्रीयता, देवी खुदाई

उश्तुर : ऊँट

उश्नान : एक घास जिससे खाद बनता है

उसारा : बंदी जन लोग

उसैलम : हाथ की नस

उस्त : खजूर की गुठली

उस्तू रव्वाँ : हड्डी आस्थि

उस्तवारी : मजबूती, स्थायी, मुस्तकिल

उस्तूल : जंगी जहाज

उस्बुअ : सप्ताह, हफ्ता

उसव अंहसन : सदाचार, अच्छा आचरण

उहबत : हथियार

(ऊ)

ऊ : वह

ऊदुर्दन : मारना संसार को त्यागना

ए (अे)

अेआदः : दोहराना, वापस आना

अे आदअें शवाब : पुनः बूढे को जवान बनाना

अे आनत : सहायता, मदद

ए जद : इश्वर, खुदा

एजदी : ईश्वर का संबंधी

अे जाजं : चमत्कार

अेडतियास : कठनाई में पड़ना

अेड़तिला : उपर उठना

अेड़तिलाल : वीमार पड़ना

अेडतिशाश : बाल बच्चों के लिए थोड़ा खाना लाना

अेड़तिसाफ़ : कुमार्ग चलना

अेडतिसार : निचोडना

अेडतिसास : रात को पहरा देना

एवक : दास, गुलाम

एमन : निडर, अभय, महफूज

एमनी : सुरक्षित, अभयं निडर

अेलची : पत्र वाहक, राजदूत

अेडलाम : ज्ञान कराना, जताना

अेह काके हक : अपना हक सावित करना

अेहजार : अश्लील बाते करना

अेहज़ार : उपस्थित करना, घोड़े दौड़ाना

अेहति काक : अपमान करना

अेहतिकान : पिचकारी इंजक्शन करना

अेहतिकार : अपमानित करना

अेहतिजाज : बाद विवाद करना

अेहतिजाज : आनंद लेना

अेहतिफाल : सभा करना, सभा होना
अेहतिबास : अवरोध
अेहतिमाम : देख रेख निरीक्षण
अेहतिमाल : शंका करना
अेहतियाज : आवश्यकता, कंगाली
अेहतियाल : बहाने बनाना
अेहसान फरोश : उपकार करके सब से कहते फिरना
अेहसानशनास् : उपकार पहचानने वाला
अैहसार : गिनना

(ऐ)

ऐंज़न : जैसे पहले था वैसा ही
ऐत : दे अैत
ऐताम : अनाथ बच्चे
ऐ फग : निद्रालू घृष्ट शोख
ऐबस : बहुत अधिक खुश्क
ऐमः : मिथ्या, अनर्थ
ऐम : सफेद साँप
ऐमन : वड़ा कल्याणकारी
ऐमनी : निडरता वैखोफी
ऐयम : बिना पत्नी पुरूष (विधवा इसी प्रकार) बिना पुरूष स्त्री
ऐश मंजिल : रंग भवन

(ओ)

ओफ्तादन : गिरना, पड़ना

ओरमुज़्द : वृहस्पति ग्रह

(औ)

औअिय : बरतने, भाड़े

औक्रर : वाधिर, वहरा

औकस : छोटी गर्दन वाला

औकाफ : वक्फ वे जायदादें

औज : ऊँचाई वुलंदी उन्नति

औजब : अनिवार्य उचित

औजस : थोड़ी सी वस्तु

औज़ह : बिलकुल साफ

औजाअ : मनुष्यों का समूह

औजा अ : वजा कवहु पीड़ाएँ दर्द

औताक : कमरा

औदिर : चचा

औफ़क़ : अनुकूलतम माफिक

औवाशी : धुर्तता, लंपटता

औवाश्तन : डालना भरना

औरंग : राज सिंहासन

औरंद : राज सिंहासन, छल, धोखा

औ रे दी दन : धोखा देना

औशस्तन : उठाना उचौ करना

औला : बहुत वढ़िया, अति उत्तम

औलिया अे अल्लाह : ब्रह्मज्ञानी

औ लियाअे दौलत : धनवान

औसक : बहुत ही मजबूत

औसाफ : गुण समूह

औसाफे हमीद : शालीनता

औसिया : वारिस लोग

औह : हाय हाय

ओहृद : अनुपम

ओहाम : धोके

(अह)

अंज़ : बकरी अजा हरिणी

अंतरः : गुनगुनाना

अंदलीव : बुलबुल, चिड़िया

अकक : उमस उष्पाता

अक्रद : बात करने में जवान लड़खड़ाना

अकद : चर्वी बढ़ना

अक़व : पीठ पीछे, परोक्ष

अकस : कृपणा होना

अकाइद : धर्म विश्वास

अक़ाक़ : पीठ का बोझ, गट्ठर

आक़ार : खेती की जमीनें

अक़िब : पोता, पौत्र

अक़ीक : उमस

अकीदः : धर्म के प्रति विश्वासों पीछे चलने वाला

अक़ीव : पीछे आने वाला

अक़ील : वुद्धिमान औरत

अक़्क़ाश : मकड़ी

अक्कासवाशी : प्रधान छायाकार

अक्फा : अंक अंकड़ा

अक़ूल : होशियारी, विवेक

अक़्व : खुलाहु आस्थान
अंज़ : प्रभुत्व स्थगित करना, तेज वर्षा
अज़ : दांतों से काटना
अज़फ : दुर्बलता, कमजोरी
अज़मत : प्रतिष्ठा, आदर
अज़ा : दैवी प्रकोप
अज़ाइज : बूढ़ी स्त्रीयाँ
अज़ाज : धूल मिट्टी
अज़ादार : शोक मनानेवाला
अजावे अलीम : महा प्रकोप
अजीजुल कदर : सम्मान योग्य
अज़ीफ़ : परिकी आवाज़
अज़ीमत : निश्चय इरादा
अजील : जल्दबाज़ आतुर
अज़ूवत : मधुरता, मिठास
अज़्ज़ : विजयी हुआ
अज़्द : एक राजा की दूसरे राजा की सहायता
अज़्फ : स्वयं भूखा रहकर दूसरो को खिलाना
अज्वीयत : जवान की तेजी, भाषण पटुता
अज़्म : संकल्प
अज़्म : वुजुर्गी अस्थि
अज़्म : पाँच शाखाओं वाली वस्तु
अज़्म बिल जज्म : पक्का इरादा
अज़ूरा : अविवाहित
अज़्लो नरूब : किसी को हटाकर दूसरे को लगाना
अज़तन : ऊटों के पानी पीने का स्थान
अज़्ब : निंदा करना, गुस्सा करना

अव्सः : छींक

अदम आबाद : यमलोक

अदमे अदाइगी : मूल्य अदा करना

अदमें तवज्जुह : ध्यान न देना

अदमें, पैरवी : किसी के केस की पैरवी नहीं करना

अदमे गुदाख़लत : काम में हस्तक्षेप नहीं करना

अताया : वख्शीशें

अतीक : पुराना प्राचीन

अतीफ : नम्रता

अतीय : अनुदान, तोहफा

अतील : प्यासा

अत्तार : साहसी शूर, जहां मन न लगे

अदालतें आलिया : हाई कोर्ट

अदालतें मुराफअ : आदलते, अपील

अदावती : शत्रुता रखने वालना

अदावते कल्बी : हार्दिक बैर

अदीमुन्ननजीर : जिसके समान दूसरा नहीं

अदीमुल फुर्सत : जिसके पास समय नहीं

अदू : शत्रु दुश्मन

अदूले हुक्म : अवज्ञाकारी

अद्दार : नाविक

अदूल गुस्तर : न्याय करने वाला, मुखिया

अनत : पाप गुनाह

अनाकीद : अंगूर के गुच्छे

अनीफ़ : तीव्र, तेज, लड़ाकू

अन्ताबः : अंगूर बेचने वाले

अन्फ़ : वेरूखी

अफ़न : गन्दा होना

अफीफ़ : पत्नी व्रत

अफुव : भाफी

अवदः : तपस्वी लोग

अवदः : तपस्वी लोग

अवस : फजूल बेकार

अवा : लम्बा चौड़ा

अव्ता : लम्बी औरत

अब्दुल वतन : पेटू

अमजाद : चाचा का पुत्र

अमूल दखल : अधिकार कब्जा

अमल खान : दीवान खाना

अमले इनू हिजाम : पाचन क्रिया

अमा : कुमार्ग, गुमराही

अमारः : जहाजों का बेड़ा

अमारी : हाथी का हौदा

अमील : आड़ती

अमूदन : जान बूझकर

अम्म : बुआ

अम्मार : जहाजों का बेड़ा

अमूव : भलाई, उपकार

अमूलअं फौजदारी : सेना विभंग

अमूल : दोष, भ्रष्टता

अया : ऐसी पीड़ा जिसकी इलाज न हो

अयाल : बीबी बच्चे

अय्यारी : चालाकी

अरीजः गुज़ार : प्रार्थना करने वाला

अरीजः निगार : पत्र लिखने वाला

अरीन : वन, जंगल

अरीस : दुल्हा

अर्वदःखू : झगड़ालू

अर्श : घर की छत

अर्सऍं जीस्त : जीवनकाल

अर्सऍं दराज़ : लम्बा समय

अलल हिसाब : बिना हिसाब के फुटकर देना

अल्लूहाल : इसी समय तत्काल

अलालत : रोग, बीमारी

अलाला : चीख पुकार

अलीक़ : घास दाना चारा

अली वंद : कलाई पर बांधने का एक आभूषण

अलीम : सब कुछ जानने वाला

अलील : रोगी, बीमार

अल्क्रम : कड़वी वस्तु

अल्लती : सौतेले भाई वहन

अवान : सुहागिन स्त्री

आवार : दोष

अव्वान : अत्याचारी

अश : दुर्बल आदमी

आशीर : नाते रिश्तेदार

अशूर : चुंगी या शुल्क

असवीयत : तरफदारी

अससः रात को गश्त करने वाला

असार : कंगाली

आसिर : कठिन

अज़ूफ : अत्याचारी

अज़ूम : बहुत खाने वाला

अस्कर : सेना, फौज

अज़्फ : अन्यायी

अज़्म : लोभ लालच

अज़ूर : गिर पड़ना

अज़ूरान : शाम की चाय की दावत

अज़ूरे अतीक : प्राचीनकाल

अज़ूरै जदीद : आधुनिक काल

अज़ूव : छड़ी से मारना

अस्सार : तैली

अस्साल : शहद की मक्खी

अहीद : समकालीन, पुराना

अज़हद : प्रतिज्ञा, इकरार

अहद शिकन : वचन भंग करने वाला

अहदे संग : पाशाण युग

अहदे हकमत : शासन काल

अज़हदे : पैमान वचन

(आ)

अज़इक : बाज रखने वाला

अज़इद : परम्परा रिवाज

अज़इन : सहायक, मददगार

अज़इब : अपराध करने वाला

अज़इलः : कुल वंश

अज़इल : सन्यासी

अज़क़िद : गॉठ लगाने वाला

अज़सिफ़ : किसी जगह निवास करने वाला

आकिब : अन्जाम

आक़िवत नअदेशः : जो परिणाम के बारे में नहीं जा सोचता हो

आक़िलान : बुद्धिमता पूर्वक

आज : हाथी, दाँत

आजिल़ : दुनिया संसार

आजिल : जल्दी करने वाला

आजी : मूर्ख

आतिक : स्वच्छन्द, आजाद

आती : धमण्डी

आतूस : छींक लाने वाले वस्तु

आदिल : न्यायवान

आनिफ : आधीन, आज्ञाकारी

अनिय : वंदी औरत

आफ : अपराध क्षमा करने वाला

आफियत केश : शांति, प्रिय, अमन पसन्द

आविद : तपस्वी, इवादत करने वाला

आविस : खेलकूद करने वाला

आभियान : उश्लीक, अशिष्ट

आमिल : शासक

आमी : लोफर, नीच

आयद : अशुद्ध

आर : लाज, लज्जा

आरिजः : रोग बीमारी

आरिज : उपर की ओर जाने वाला

आरिज : कपोल गाल

आरिफ : ज्ञाता, ज्ञानी

आरिम : मैली कुचैली
आलमें ख्वाव : स्वप्न जगत
अलमं गैव : पर लोक
आलमं जवरूत : ब्रह्म लोक
अमले तसव्वुर : प्रेमी प्रेमिका के ध्यान में पहुंच जाये
आमले नासूत : इह लोक
आलमें शुह्द : दुनिया
अलमें सुगरा : मनुष्य का शरीर
आलिमं : विद्वान, पंडित
अशूरा : मुहर्रम की दसवी तारीख
आसी : बहुत ही बूढ़ा
आसी : पापी, पातकी
आहिल : बिना पति वाली स्त्री सम्राट जो स्वयं मालिक हो।
(अि)
अिद : निकट, समीप
अिकाक : गर्मी, उष्णातः
अिकान : गर्दन, गला
अिक़ाव : यातना, कष्ट
अिजाम : बड़े लोग, प्रतिष्ठित जन
अिजार : गाल कपौल
अिज़ : नम्रता
अिज्जत तलवी : आदर, चाहना
अिज़ूल : गाय का बच्चा वछड़ा
अिज़ूलत : शीघ्रता, जल्दी, आनुरता
अिताब : प्रकोप, गजब, क्रोध, गुस्सा
अितालत : निठल्ला पन, बेकारी
अिनवीय : आंखों का पर्दा

ऱिनान ताव : संकेत पर चलने वाला घोड़ा
ऱिलाज पिजीर : इलाज के योग्य रोग
ऱिल्म दोस्त : विद्वानों का सम्मान करने वाला
ऱिल्मुल अफ़लाक : आंतरिक्ष विज्ञान
ऱिल्मुल अखलाक : नीति शासन
ऱिल्मुल इलाही : धर्म शास्त्र
ऱिल्मुल कलाम : तर्क शास्त्र
ऱिल्मुल दीन : धर्म शास्त्र
ऱिहिंदिस : अंक शास्त्र
ऱिल्लते सूरी : उपरी कारण
ऱिल्लौस : पेट का दर्द
ऱिशा : रात की नमाज
ऱिश्कुल्लाह : ईश्वर का प्रेम
ऱिशूश्रत् : आनंद, चैन
ऱिशूरते इमरोज : संसारिक सुख
ऱिसयान : पाप, गुनाह
(औ)
ऒीश : सुखमय जीवन
ऒीस : सफेद ऊँट
ऒीसा नफस : जिसकी फूकने मुर्दा जी उठे
(अु)
अुंसुर : आग पानी मिट्टी नमक
इससे मनुष्य के शरीर की रचना हुई है।
अुकुला : बुद्धिमान लोग
अुकूक : माता पिता की अवहेलना
अुकूबत : सजा, दण्ड
अुजूरा : लाचार रखना

अुदूल : अवज्ञा, अवहेलना
अबू दीयत : गुलामी, दासता
अुर्वा : बुखार, जाड़ा
अुसूरत : दरिद्रता, कंगाली
(अै)
अैक : समुद्र तट
अैन इत्तिहाद : गहरी दोस्ती
अैनक साज : चश्मा बनाने वाला
अैनूल माल : मूल धन
अैल : मस्ती से चकना
अैब : चमड़े का थैला
अैबगोई : दोष बताना
अैयार : छली चालाक
(औ)
औजः : शरण में आना
औल : पालन पोषण करना
औस : कठिनता

(क॒ क़ ँ)

क़ज़ फ़ीर : बूढी औरत

कंदाकार : चाँदी सोने पर बेल बूटे बनाने वाला
वेल कुर्ट बनने वाला

कंदूज : कोठी कुढला अनाज रखने का मिट्टी का वर्तन

कंवूरी दन : छल करना

कज अदा : संकोच न हो रूखा

कजकोल : भीख मांगने का वर्तन

क़ज निगाही : मेंगापन

क़ज फ़हमी : उल्टी समझ वाला

क़ज़ बहसी : उल्टा सीधी बहस करने वाला

क़ज़म : नीच लोग

कज रफ्तार : अत्याचारी, जालिम

कज़ल : लगड़ापन

कज़ारा : अचानक , अनायस

कर्गज़ब : झूठा, मिथ्या भाशी

कज्ज़ाब : जप्पी

कताइफ : मख़मली कपड़े

कताल : शरीर, वदन, तन

कंतिअत : जुदाई

क़तूर : कंजूस

कंतूअैगज : दर्जीयों का गज जिससे कपड़ा नापते है।

कतुअे कलाम : बात काटना

क़दीफ : नहाने के बाद पौछने को तालिया

क़दीमी : पुराने समय का

कंदीर : शक्तिमान, ताकतवर

कंदूअ : अधँम, नीच

क़दूह : उथला कुआ, जिसमें पानी ऊंचा हो
कदो काविश : दौड़ धूप
क़दुह : अपमान
क़नफ : किनारा छोर
क़माअत : थोड़ी सी चीज से संतोष
क़फत : शल्य क्रिया, चीर फाड़
क़फ़द : पॉव की ऊंगलीयों के बल चलना
क़फालत : जमानत भरण पोषण
क़र्फे खाक : मुठ्ठीभर मिट्टी
क़फ्श दोज : जूते गांठने वाला मोची
क़फ्श पा : पैर की जूती चप्पल
क़बीब : सिर केवल गिरा हुआ
क़बूदी : नीले रंग वाला
कब्जअे कुद्रत : दैवी शक्ति
क़मजफ़ी : आधापन
कम बोदगी : गरीबी
कममिहनत : कामचोर
कमर शिकस्त : सहारा छिन गया हो
कमरसी : कम पढ़ा लिखा
कमरू : बदसूरत
कम संजी : कम तोलने वाला
कम सुखन : कम बोलने वाला
कमौ अंदाज : तीरंदाज
कर्मॉ पुश्त : कुबड़ा
कमाने शैतां : इंद्रधनुष
कर : ऊंचा सुनाई देता हो
करा : अतिथि सत्कार

करावत : नजदीकी रिश्तेदारी

करावते तरफी : परिवारिक संबंध

क़राह : स्वच्छ जल

क़राहत : धृणा, धिन, नफरत

कराहीफ : खड़ाऊँ

करीस : बहुत कड़ा जाड़ा

करीह : बद शकल

करूवी : फरिश्ता, देवता

कर्जे हसन : बिना व्याज वाला कर्ज

ऩकरीबुल इनहिदाम : नष्ट प्राय

कर्तान : मुर्गी का दडबा

कर्द : किया हुआ कृत

कर्दन : करना

कलंदर : अपराधी के पॉव में डालने वाला काठ

कलमदाने वजारत : मंत्री का पद

कलाकूना : व्यंग्य करना

कलाग़ : काला, कौआ

कलियंःगो : कलमा पढ़ने वाला अर्थात मुसलमान

कलीज़ः : मटकी, घड़ा

क़लीलुल मिक़दर : थोड़ी मात्रा में

क़लीसा : कंजूस

क़ल्व साज़ी : जाली रूपया बनाना

क़ल्वे कलिब : कटखना और पागल कुत्ता

क़लाज : फटकार

क़वी तरीन : बहुत अधिक शक्तिशाली

कव्वः : दीवार में छेद जिसके पार देखा जा सके

क़शनीज़ : धनिया (मसाला)

कश़ूर : छिलका भूसी
कसम पुर्सी : वेक्सी, जीवन जिसमें पूछने वाला ना हो
क़साद : मंदी
क़सावत : बेरहमी, कठोरता
क़सीद ख्वानी : झूठी प्रशंसा तारीफ
क़सीर : वोना वौनी
क़सीरूल खैर : बहुत अधिक दान शील हो
क़सूंस : अमर बेल
कसूगेर : कुम्हार
क़स्त : अत्याचारी स्वभाव
क़िसद : कामना
क़हकशॉ : आकाश गंगा, छाप पथ
क़हानत : शकुन बताना
कहालत : आलस्य, सुस्ती
क़हूत : दुर्भिक्ष अकाल
कहत ज़दः : अकाल का मारा हुआ
(का, ँ)
क़ाँ क़ाँ : बतख़ की अवाज़
का का : कौए की आवाज
क़ाअफ़ : तेज वर्षा
क़ाइक़ : नाव
क़ाइद : मुक्कारः, धूर्त
काकुल : बालों की लट
काकुल तैन : छोटी बड़ी इलायची
क़ाचः : चिबूक, ठोढ़ी
काजिब : झूठ बोलने वाली
कज़ूरात : नापाकियाँ, गन्दगीयाँ

क़ातून : नौसादार

क़ाद : लालच

क़दिमुल इंसान : मनुष्य की खोपड़ी

क़ादिर : शक्तिशाली

क़ानिस : शिकार करने वाला

कानी : खान से संबंध रखने वाले वस्तु

कापूची : द्वारपाल

क़ाव : चश्मा रखने का घर, खोने की पताल

क़ाव खान : जुआ घर

क़विले तर्क : छोड़ देने योग्य

क़ाविले तहसीन : जो प्रशन्सा के योग्य हो

क़विलेदार : फाँसी की सजा के योग्य

क़ाविले बाज पुर्स : जिसके जबाव तलब किया जा सके

क़विले मंसूखी : रोजी बात जो रद्द की जा सके

क़विले हजव : जिसकी निन्दा की जा सके

क़ारी : भरपूर

क़ारीद : वोया हुआ बीज

क़ारूनी : बहुत अधिक कंजूस

क़ारेआब : शराब नोशी

क़ारे खैर : दूसरों के भलाई का काम

कारेनुमायाँ : बहुत बड़ा कारनामा

कारे है : थिन करने वाला

कार्द : चाकू

क़ाल मक़ाल : बाद विवाद, हुज्जत

कालूच : कबूतर

कासःगर : कुम्हार

क़ासःबाज : कपटी, मक्कार

कासित : अत्याचारी, अन्यायी
कासी : सख्त दिल, कठोर

(कि॰)

किताब, फरोश : किताव बेचने वाला
कितावे, मुकद्दस : कुआर्ने शरीफ
किताव रूदाद : मिनिट बुक
कितावे हुदा : शिला देने वाली
किद्दूनः : मोटापा
किदेवर : किसान
किनायत : गुप्त बात
किनार : गोद
किन् : दास, दासी
किन्न : पहने के कपड़े
क़िमार : जुआ
क़िया : पहलवान
क़ियादत : नेतागिरी
किरा : किराया भाड़ा
क़िरा : मेहमानी सत्कार
क़िराअत खानः : वाचनालय
क़िराब : मियान
क़िराम : हल्का महीन पर्दा
क़ित्तबस : बहुत वड़ी दैवी आफत
क़िर्म खुर्दगी : किसी वस्तु का कीड़ो का खजाना
कर्मपील : रेशम का कीड़ा
क़िलादः : गले का पट्टा
क़िलासः : पक्का भवन

किली दान : द्वार यन्त्र ताला
क़िलीद फ़तूहेबाव : दरवाजा खोलने की कूंजी
क़िलीसा : ईसाईयों का गिरजा
क़िलियान : हुक्का
क़िशिकची : पहरी चौकसी
क़िसतास : बड़ी तराजू
क़िसबत : वस्त्र वसन, पोषाक
क़िस्सःगो : कहानियाँ कहने वाला
क़ही : बहुत छोटा, अल्प वयस्क
क़िहबुद : खजांची
क़िहफ : खोपड़ी

(की)
कीतार : सितार, गिटार
कीन : रंजिश
कीफ़ : कीप
कीसःतराश : जेव काटने वाला
क़ीह् : पीप, मवाद
(कु)
कुंजकावी : तलाश खोज
कुजे क़फस : जेल खाना
कुजे लहद : क्रव का कोना
कुदं : आलसी
कुदक : रोटी का टुकड़ा
कदूये गल्लः : नाज की बुखारी
कुअुबत : दुर्भाग्यता
कुख कुख : खाँसना

कुंज़ात : काजी
कुतुवी : पुस्तक विक्रेता
कुतूब : त्यारी का चढ़ना
कुदिस्त : बालिश्त
कुद्स : विशाल खलिहान
कुनाम : चीटीयों का घोसला
कुनूतीयत : निराशाबाद
कुफराने नेअमत : ईश्वर की दो हुई ने मतो
कुवैता : पूड़ी मालपुआ
कुब्कार : बहुत बुजुर्ग
कुमकी : सहता करना मदद करना
कुमाश : वस्त्र कपड़ा घर का समान
कुसने खा लिया : पिछले युग
करूब : पीड़ाएं
कुअर्अे फ़ाल : शकुन के विचार में लिये पासा फेकना
कुर्वे रूहानी : आन्तरिक सभीयता
कुर्स : ग्रास और निवाला
कुलहल : पहाड़ों की चोटियां
कुललः : घूँघराले बाल
कुलली फ़रोश : थोक विक्रेता
कुब्बत : शक्ति बल
कुव्वेत दाफिअ : हटाने की शक्ति
कुव्वते हाफ़िज : याद करने की शक्ति
कशूद : खुलापन
कुश्तः : भरा हुआ
कुसूफ : सूरज ग्रहण
कुहन फिअलः : धूर्त मक्कार

कुहनः साली : बुढ़ापा

(कू)
कूचःगर्दी : गलीयो का मारामार फिरना
कूचअें खामोशाँ : शमशान
कूजगर गर : मिट्टी के सकोर बनाने वाला
कूज पुश्ती : कुबड़ापन
कूत : भोजन खाना
कूद : अनाज का ढेर
कूपाल : गदा
कूफ़ान : पनाह
कुए मुग़ाँ : शराब खाने का कूचा
कूरूत : दही
कूलाज : घोड़ा कुदाना

(के)
केद : केतु एक अशुभ ग्रह
केहूफ़ : खोपड़ी कपाल
कै : गर्म लोह का दाग
कैक़ : मुर्गी का कड़क दाना
कैज़ : लंगोटी
कैफ़दान : नशे की वस्तु रखश्ने की डिबिया
कैय्याद : बहुत बड़ा छल
कैलूलः : दोपहर का खाना खाने के बाद आरंभ करना
कैंहाँ : संसार, दुनिया, जमाना

(को)

कोतह अंदेश : मूर्ख, वेवकूफ
को ताह क़लम : चिट्टी लिखने का आलजी
क़ो ताहं क़ामत : छोटे कद का
क़ो ताह हस्ती : जिसकी पहुंच न हो
को तहा दामन : कम हौसला
क़ो ऩजर कोताह नजर : तंग दिल
क़ोर : अंधा
कोर अक्ल : अक्ल का अंधा
कोरदी : कम्म्ल
कोर नमक : नमकहराम
कोर वरव्ती : आभागा
कोर बेगी : शस्त्रागार का रक्षक
कोर मग्ज : मंद बुद्धि
कोराव : शराब
कोरी : अंधापन
क़ोकल : ताल, तलाब
क़ोशी : सहन करना
कोशी दनी : प्रयत्न योग्य
कोहकनी : कठिन काम करना
कोट ज़िगर : साहस रखने वाला

(कौ)

कौ : बुजुर्ग बुद्धिमान आदमी
कौज : गोंद
कौदन : मूर्ख
काले सलाह : सच्ची राय
क़ौस : जूता जूती

(ख़)

ख़ेजर बेग : एक प्राणघातक फोड़ा
जो पीठ पर निकलता है

ख़ेजरी : एक प्रकार की छोटी डफली

ख़ेद : मुस्कराहट

ख़ेद पेशानी : जिसके चेहरे पर हँसी रहती हो

ख़ेदअें अफ्ताब : सूर्य निकलना

खंद अे वर्क : बिजली की चमक

खंद रीस : पुराना गेहूं

खंवा नीदन् : हँसी उड़ाना

खज़फ : खरबूजे

खंजाँ : पतझड़

ख़जा : विवाह करना

ख़जालत : लज्जा पश्चाताप

ख़जीर : उत्तम, अच्छा

ख़जूब : शर्मीली औरत

ख़ल्ज : लज्जा शर्म

ख़ताफ : पिशाच

खंते पाकी : ऋण मुक्ति पत्र

खते मुतवाजी : समानान्तर रेखा

ख़त्फ़ : बिजली का चकाचौंध पैदाना करना

खदर : आलस्य सुस्ती

खदीअत : छल क़पट

ख़द्दाअ : बहुत बड़ा छली

ख़निक : जिसका गला घोटा गया हो

ख़फ़ : गला घोटना

ख़फ कानी : जिसे दिल धड़कने का रोग हो

ख़फर : लज्जा लाज

ख़फीफुल हरकात : छिछोरी हरकते

ख़फ़्द : तेज चलना

ख़म दर ख़म : बहुत पंचीदा हो

खमीद:ंकद : जिसका शरीर झुक गया हो बहुत बूढ़ा

खमील : हल्का भोजन

ख़म्मार : शराब वनाने वाला

ख़रकुस : मूर्ख, वेबकूफ

रवर खराना : जोर के खर्राटे लेना

ख़रज़न : चाबुक, कोड़ा

ख़र पाचः : गधे का बच्चा

खरवंद : गधे का मलिक

खरस : गूँगा होना

ख़रस : भूखा होना

खरातीम : जाती के महान व्यक्ति

खराशीदन : छीलना

खरे दश्ती : जंगली, गधा

खरोशाँ : शोर मचाने वाला

ख़र्बत : मूर्खता, हिमाकत

ख़र्शस : कुम्हार

ख़लक : कपड़ों का पुराना होना

ख़लफ : सपूत

ख़लाअत : मात पिता का कहना मानने वाला

ख़लावत : किसी का बातों में मुग्ध कर लेना

ख़लालत : सच्ची दोस्ती

ख़लाश : कोलाहल शोर गुल

ख़रीक : मुरव्वत वाला

ख़लील : मित्र दोस्त
ख़लीली : हथकड़ी
खल खल : ढीला ढाला
ख़ल्ज : आंखों का इशारा
ख़ल्फ : कपूत
ख़ल्वती : एकांत जीवन व्यतीत करना
ख़लातिर : मन में आने वाला विचार
ख़वातीन : बड़े लोगों की स्त्रीयां
खशानीदन : दांतों से काटना
ख़शूवा : कायर डरपोक
ख़जर : जाड़ा
खसीम : शत्रु, दुश्मन
(ख़ा)
ख़ाइज़ : सोच विचार करने वाला
ख़ाइन : रूपये पैसे मेगड़बड़ करने वाला
ख़ाइफ : डारा हुआ
ख़ाइब : हताश, निराश
ख़ाइम : दिल का बुरा
ख़ाइल : किसी वस्तु की चौकीदारी करने वाला
ख़ाईदः : चवाया हुआ
ख़ाक अंदाज : कूड़ा दान
खाक नशीमी : लाचारी, दीनता
ख़ाक सारी : विनम्रता
खाके जिगर गीर : ऐसे स्थान जहां जान का मन ना करें
खाके पा : पॉव की धूल
खाके फरामीशाँ : कब्रिस्तान
ख़ाग : मूर्गी का अण्डा

ख़ाजनः : साली पत्नी की वहन

ख़ाजिल : परास्त हुआ

ख़तिवः : दामाद

ख़ातिर आज़र्द : नाराज, दुखी

खतिर आशुफ्त : परेशान

ख़ातिर मुदारात : सत्कार

ख़ातिल : दगाबाज

ख़ाती : जानबूझकर अपराध करने वाला

ख़ातून : सम्य और शिष्ट स्त्री

ख़तूने फलक : सूर्य

ख़ादिम : दासी, दास, नौकर

ख़ान अबादी : विवाह

ख़ानकनी : घर बार तवाह कर देना

ख़ानम : बड़े घर की स्त्री

ख़ानिफ : धमण्डी

ख़ाफी : गुप्त छिपा हुआ

ख़ामः : कलम

खाम अक्ल : कम समझ बूझ वाला

ख़ामर बू : नादान मूर्ख

खाम दस्ता : जिसे काम का अभ्यास न हो

खारर्ची : कांटों की बाढ़ जो खेतो में लगाई जाती है

खाश : पति की माँ

(ख़ि)

ख़िग मगसी : सफेद घोड़ा जिस पर काली बुँदकियाँ हो

ख़िगा : मोटा ताजा

ख़िसर : हाथ की सबसे छोटी ऊँगली

ख़िजाला : असभ्य अशिष्ट

ख़िदाअ : छल करना, धोखा देना

ख़िदारत : स्त्री का पर्दे में रहना

ख़िनाक : फाँसी

ख़िरद मंदी : बुद्धिमत्ता

ख़िलाआत : रोग के कारण दुखी रहना

ख़िल्तः : लम्बा कुर्ता

ख़िल्फ : लड़ाका मनुष्य

ख़िशाश : नकेल

ख़िस्सत : कंजूसी

(ख़ी)

ख़ी : पानी की मश्क

ख़ीफ : भय डर

ख़ीर कुश : निर्दयी

ख़ीरःचश्मी : निर्ल्लजं, गुस्ताख

ख़ीस : सिंह के रहने की माँद

(खु)

ख़ुदगार : पढ़ाने वाला अध्यापक

ख़ुविंद : ताली बजाने वाला

ख़ुजार : थोड़ी वस्तु

ख़जूरी मात : तरकारियाँ, सब्जियाँ

ख़ुद शिकन : विनम्र

ख़ुद सर : अक्खड़ विद्रोही

ख़ुद साज़ : अपने आचरण को ठीक करने वाला

ख़ुदाए मज़ाज़ी : समय का वादशाह करने वाला पति

ख़िदा तर्स : दूसरा पर दया करने वाला

ख़ुदूक : क्रोध गुस्सा, शर्म

खुद सताई : अपनी तारीफ

खुफ्त : सोचा हुआ

खुबात : पागलपन

खुलद : सदारहना नित्यता

खुल्त : अच्छा स्वभाव

खुल्फ : वादा खिलाफी

खुल्लत : मित्रता

खुश खाल : जिसके शरीर पर तिल अच्छा लगे

खुश नूदी : सहमति, प्रसन्नता

खुशबारी : अच्छी तरह रहना

खुशमुआमल : बादे का सच्चा

खुश रवि : अच्छी चाल चलना

खुशूक : बुरा आदमी

खुशूनत : रूखा पन, बद मिजाज

ख़ुसुर : ससुर

खुसर खान : सुसराल

खुसुय वरदार : चापलूस

(ख़ू)

ख़ू आशाम : खून पीने वाला, जालिम

ख़ूरेज : खून वहाने वाला हत्यारा

ख़ूगर : व्यसनी लती

ख़ूजिस्तान : शक्कर का क़ारखाना

ख़ूत : फुतीका, हँसमुख

ख़ूने कबूतर : लाल रंग की मदिरा

(ख़े)

ख़ेज़ : पानी की लहर
ख़ेजराँ : वेत का पेड
ख़ेजो मेज : मेल, जोल, चाव
ख़ेशतन : अपने आप स्वयं
ख़ेशावंद : अपने रिश्तेदार
ख़ेसीदन : भीगना

(ख़ै)
ख़ै : पसीना
ख़ैवत : निराश हीनता
ख़ैर अंदेश : भलाई की बात सोचने वाला
ख़ैरत : सज्जन स्त्री
ख़ैर सिगाल : भलाई की बात सोचने वाला
ख़ैलखान : वंश कुटुम्ब
ख़ैलापन : मूर्खता, बेवकूफी

(ख़ो)
ख़ोगीर : घोड़े का पालन
ख़ोस : खेतों लगने वाला आदमी का पुतला
(ख़ौ)
ख़ोंक़ : कान का कुडंल
ख़ोंज़ : दुश्मनी
ख़ौद : कोमल, मृदुल
ख़ौन : धोखा देना
ख़ौस : धोका देना, दगा देना
(ख्व)

खवाँचः फरोश : फेरी वाला जो घमान बैठे
रव्वाँदगी : शिक्षा पढ़ाई
रव्वाज़ः : स्वामी, पति
रव्वान साकार : रसोईया, वावर्ची
रव्वाव नोशीं : मीठी नींद
रव्वे ख़रगोश : गहरी नींद
रव्वाह : चाहने वाला
रव्वाहर जाद : वहिन का पुत्र भाँजा
रव्वाहीद : चाहाहुआ वांछित

(ग़ ँ)

ग़ंद मग्ज़ी : अहंकार, ड़ींग ऐसी

ग़ंदुमनुमा : धोखेबाज, छैली

ग़ज़त : समाचार पत्र

ग़जलं रव्वानी : गजल पढ़ने वाला

ग़ज़लगो : अच्छा शायर

ग़ज़ल परवाज : ग़ज़ल लिखने वाला

ग़जल सरा : गज़ल पढ़ने वाला

ग़ज़ालः चश्मी : हिरन के बच्चों जैसी सुन्दर , बड़ी बड़ी आँखे होना

ग़ज्ज़ाल : रस्सी बनाने और बेचने वाले

ग़जूब : धर्म युद्ध करना

ग़ंदीवर : भिखारी, फ़कीर

ग़वी : मन्दबुद्धि

ग़म रव्वार : सहानुभूति करने वाला

ग़म रसीदः : जिसे बहुत दुःख पहुंचा हो

ग़म्माज़ी : चुगलखोरी, जासूसी

ग़यूर : गैरतमंदी, स्वाभिमानी

ग़राम : दुष्टता, लोभ

ग़रीज़ : नवीन, ताजा, शुगुफ्ता

ग़रीब वुलवतन : जो अपना घर छोड़कर दूसरे देश में पड़ा हो।

ग़र्की : डूबना वाढ़

गर्चक : मूर्ख घामड़ बुद्धु

ग़र्द पैकर : चित्रकार, फोटोग्राफर

ग़र्दिल : कायर, डरपोक

ग़र्दिशे लौ लोनहार : समय का चक्कर

ग़री वुलवतन : घर छोड़कर परदेश में रह रहा हो
ग़रीब शह : जो नगर में किसी को नहीं जानता हो
ग़र्चक : मूर्ख बुद्धू
ग़र्दन कशी : अवज्ञा ना फर्मानी
ग़र्दनी : चाँटा, थप्पड़
ग़र्मखू : गाढ़ा मित्र
ग़र्शीदन : क्रोध करना, नाराज होना
ग़र्स : भूख
ग़लत गोई : झूठ बोलना
ग़ंले दराज़ : मुँह फट, अधिक बोलने वाला
ग़ल्क : दरवाजा बंद करना
ग़ल्ब : बागी होना
गल्ला : अनाज
ग़वान : पहलवान
गसफ : रात का अंधेरा

(ग़ा)

ग़ाइलः : अचानक आने वाली मुसीबत
ग़ाइस : पानी में डुबकी लगाने वाला
ग़ागा : सूखा मेवा
ग़ाजिफ़ : कोमल हृदय
ग़ाजी मर्द : बहादुर आदमी
ग़ाजुर : कपड़ा धोने वाला धोबी
ग़ानी : दौलत मंद
ग़ालाती : ताला बनाने वाला
ग़ालीद : लुढ़का हुआ
ग़ांव खुर्द : नष्ट, बरवाद
ग़ाव मेश : भैंस महिषी

ग़ावी : गुमराह

(ग़ि)

ग़िजाए लतीफ : जल्दी पचने वाला भोजन

ग़िजाए सकील : देर से पचाने वाला भोजन

ग़िता : पहनने के कपड़े

ग़िदस्त : बालिश्त

ग़िना : दौलत मन्दी

ग़िराँ ख्वाव : गहरी नींद सोने वाला

ग़िराँ बारी : ऋण आदी के बोझ से दबना

ग़िराँसर : गंभीर, अत्म संतोषी

ग़िराँसरी : अभिमानी घमंडी

ग़िराद : पुराना कपड़ा

ग़िरामी : पूज्य बुजुर्ग, महान

ग़िरार : हानि घाटा, मूर्खता, नादानी

ग़िरिफ़्त ज़न : दूर की हाँकने वाला, ताना देने वाला

ग़िरफ़्तः ज़ुवाँ : हकला, तोतला

ग़िरिफ्तः दिल : उदास दुःखित

ग़िरिह : परेशानी

ग़िरिह बुर : गौठ काटने वाला, जेब कतरा

ग़िर्दः : अखरोट

ग़िर्दावरी : गश्त लगाने और दोरा करने का काम

ग़िर्व आवर : आंसू लाने वाला

ग़िलः : शिकवा उलाहना

ग़िल : मिट्टी

ग़िलाजत ख़ान : कूड़ा करकट फैकने का स्थान

ग़िले चस्पाँ : चिपकने वाली मिट्टी

(ग़ी)

ग़ीदी : डरपोक , वेहया

ग़ीदी रवर : महामूर्ख

ग़ीरमाल : शरीर की मालिश करने वाले, टूटी हडीय जोड़ने वाला

(गु)

गुगलाज : हकला, तोतला

ग़ूंच पेशानी : छोटे माथे वाला, मूर्ख, बद दिमाग़

गुदवीर : वूढ़ी स्त्री

गुंवदे आव : पानी का बुलबुला

गुज़र नामः : पासपोर्ट

गुज़ाफ : वकवास, डींग, शेरवी

गुज़ीर : चिकित्सा, इलाज

गुद्रः : प्रातकाल, सूर्योदय के बीच का समय

गुरस्नः : भूखा

गुर्सनः चश्मी : लोभ लालच, कंजूस पन

गुलंगूँ : गुलाब जैसे रंग वाला

गुल दोज़ : जिस पर वेल वुटे हो

गुल पाशी : फूलो की वर्षा

गुलरेज़ : जिससे फूल झड़ते हो

गुलरेज़ी : फूल झड़ना, मृदु बोलना

गुलशन आरा : माली

गुलाब पाश : गुलाब जल छिड़कने की यन्त्र

गुलामे जर खरीद : खरीदा हुआ गुलाब

गुलाल : माशुका की जुल्फ

गुलुफ : कोष

ग़ुलूख लासी : जंजाल से छुटकारा

गुलुबात : जिसकी आवाज बैठ गयी हो

गुलूलः : वंदूक की गोली, दवा की गोली
गुलूसोज : अति सुन्दर, अच्छा मीठा या चटपटा
गुले वकावली : सफेद रंग का सुगंधित फूल
गुले यसमान : चमेली का फूल
गुगुलंवर्द : गुलाब का फूल
गुवारी दनी : रूचिकर, पचन योग्य
गुश्ता : जन्नत स्वर्ग, बेहिश्त
गुश्न : भूखा
गुस : अधम, नीच

(गू)

गूर्गिर्दे अहमर : लाल गधक व्यक्ति सर्वगुण सम्पन्न
गूद : शरीर
गूल : भूतप्रेत, शैतान
ग़ज : परेशान, अस्त व्यस्त
गूती अफ़ूरोज़ : सूरज, रवि
ग़ेती पनाह : वादशाह, नृप, राजा
ग़ेती पैमा : विश्व पर्यटक

(ग़ै)

ग़ैज़ः : जंगल वन
ग़ैबत : पीठ पीछा गायब होना
ग़ैवदाँ : अंतर पायी भविष्य बेता
ग़ैयाफ़ : जिसकी दाढ़ी बहुत लम्बी हो
ग़ैर अहम : जिसका कोई महत्व नहीं
ग़ैरजी रूह : निर्जिव, जिसके प्राण न हो
ग़ैर जी शुऊर : जिसमें विवेक न हो
ग़ैर पाए दार : जो टिकाऊ न हो
ग़ैर फानी : जो कभी नष्ट न हो

ग़ैर मकवूज : जिस पर किसी का कब्जा न हो
ग़ैर मकबूल : जिसे लोग पसंद न करें
ग़ैर मन्कूह : वह स्त्री व पुरूष जिसका विवाह न हुआ हो
ग़ैर महदूद : वे शुमार अन्नगिनत
ग़ैर मुकर्रर : जो निश्चित न हो
ग़ैर मुत अस्सि : जिसमें धार्मिक जातिय सकीर्णता
ग़ैर मुतहक्किक : जिसकी जांच पड़ताल नहीं हुई हो
ग़ैर मुतहम्मिल : जिसमें सहनशीलनता न हो
ग़ैर मुसल्लम : जो मना न जाये तब सबूत न हो
ग़ैर मुस्तकिल : अस्थाई
ग़ैर वाजेह : धुधंला, अस्पष्ट
गैहान : संसार, जगत, दुनिया

(ग़ो)

ग़ोईद : गुप्तचर, जासूस
गोये : गेंद, पीलो की गेंद
ग़ोये वाजी : क्रिकेट
ग़ोक : मेंढक
ग़ोमगो : असंमज, ताज्जुब
ग़ोया : मानो, जैसा
ग़ोश नशी : एकान्त वासी कौन में बैठने वाला
ग़ोशअे आफियत : शान्ती जहाँ कोई झगड़ा न हो
ग़ोशअे चश्म : आँख का कोना
ग़ोश गिराँ : ऊँचा सुनने वाला, बहरा
ग़ोश जद : सुनी हुई बात
ग़ोश पंच : कान ऐंठना
ग़ोसालः : गाये का बछड़ा

(ग़ौ)

ग़ौगा : कोलाहल, शोर

ग़ौगाई : शोर मचाने वाला

ग़ौअ : संकल्प, निश्चय

ग़ौताजी : गप्प, डींग

ग़ौहर संजी : जौहरी, अच्छी, कविता करने वाला

ग़ौहरे ताबाँ : बहुत अच्छी, चम देने वाला मोती

ग़ौहरे दे दाँ : मोती जैसे दाँत

ग़ौहरे यकता : वह मोती जो सीप से मिलता ळे

(च)

चंगलूक : जिसके हाथ पांव ढेढे हो

चंद दर चंद : बहुत अधिक

चंदगाह : बहुधा, प्रायः, अक्सर

चंद मर्द : जो अकेला कईआदमीयों का काम करें0

चंवर चख़ : आकाश का घेरा

चकक : एक छोटी चिड़िया

चकीदन : टपकना

चक्रः : बूंद बूंद टपकना

चखिंदः : लड़ने वाला

चत्रपोश : जो छाते से ढंका हो

चक्स : पुड़िया जि समें समान वँधा हो

चक्श : बुल बुल अथवा बाज बिठाने की लकड़ी

चखांचख़ : तलवार चलने की आवाज

चग़र : मेढ़क

चमगर्दिश : इठलाकर चलना, खिरा में नाज

चमोख़म : नाजो अंदाज, हावभाव

चरागपा : चीरागदान, जो गुस्से में आपे से बाहर हो गया हो

चरागे कुश्तः : वुझा हुआ दीपक

चख़ अंदाज़ : अच्छा तीर चलाने वाला

चख़े कबूद : नीला आकाश

चार्वे फ़लक : सबसे ऊँचा आसमान जहां ईश्वर

चर्वग़िजा : वह भोजन जिसमें घी अधिक हो

चर्व जवाँ : चापलूस

चर्वदस्ती : काम में होशियार

चर्म दांज़ : मोची

चर्मीन फ़रोश : चमड़े का व्यापारी

चलाली : छींक

चशः : चटनी या चाटने वाली चीज

चश्मे अगिर्म : वह सोता जहां से गमर पानी निकलता हो।

चश्म गश्त : भैंगा

चश्मनुमाई : आंखे तरेरना, धमकी देना

चश्मपोशी : किसी दोष की अनदेखी करना

चश्म वोसी : आंखे चूमना

चश्म रसीद : जिसे नजर लग गयी हो

चश्म रौशनी : मुवारकवाद बधाई

चश्म शुदन : प्रकट होना

चश्म पुर आब : जिस आँख में आँसू भरे हो

चश्मेवद : कुदृष्टी लगने वाली नजर

चश्मे वददूर : आर्शीवाद, तुम्हें बुरी नज़र न लगे

चश्मे वेदार : सजग सचेष्ट

चहीदन : टपकना, रिसना

(चा)

चाक़ : स्वस्थ्य, सर्तक, सचेत

चाक चाक : टुकड़े टुकड़े, भिन्न भिन्न

चाकश : बन्दूक का घोड़ा

चके जिगर : हृदय की फटन

चावुक खिरामी : तेज चलाना शीघ्र गमन

चाबुक जनी : कोड़ा मारना

चामः : कविता, काव्य शेर

चारःगर : उपचारक चिकित्सक

चारज़वाँ : अधिक बोलने वाला

चार वॉग : चतुर, चालाक

चार वालिश : बड़ा तकिया, मस्नद

चार वाश : राझा सिंहासन

चार वेश्व : अंगूर की जड़

चार शान : मोटा ताजा, हष्ट-पुष्ट

चाहकनी : कुऑ खेदने का काम, दूसरे के काम में बाधा डालना

चाहजू : कुऐं में गिरिवस्तु निकालने का काँटा

चाहे निसूयाँ : अंधा कुआ जिसमें पानी न हो

(चि)

चिःखुश : व्यागात्मक शब्द

चिक़ : चिलमन

चिकार : निकम्मा, नाकारा

चिरा : क्यों किसलिए किस कारण

चिलगोज़ः : चीड का फल जो मशहूर मेवा

चिली : मूर्ख वेबकूफ, बुद्धु

(ची)

चीकचीक : चिड़ियो का चेहकार

चीदः : चुना हुआ, छाँटा हुआ

चीने अबू : भौंहो का तनाव, क्रोध का चिन्ह

चीर वंदी : पगड़ी बांधने वाला

चील दो : इनाम पुरूस्कार

(चु)

चुंग : चोंच

चुकाक : शाही फरमान लिखने वाला

चुनोचे : अतः इसलिये

(चू)

चूखा : ऊनी कोट फकीरों का लिवाज

चूजः : मुर्गी का बच्चा

चूनो चरा : वाद विवाद कहा सुनि
चूशीदन : चूसना
(चे)
चेख़ : चुंधा
चेहरः कुशा : मुंह पर से परदा उठाने वाला
चेहर नवीस : हुलिया लिखने वाला
(चो)
चोरवीदन : फिसलना, रपटना
चोवेरव्वार : दीमक
चोव मुहस्सिल : चूंगी वसूलने का डंडा
चोशीदनी : चूसने योग्य
(चौ)
चौगाँवाज : चौगान पोलो खेलने वाला
चौगान : पोलो खेलने का मैदान
चौपानी : चरावाह
चौसिंद : चिपकने वाला

(ज़)

ज़क : सूक्ष्म वस्तु, छोटी औरत

जंग आज़मा : लड़ाई का अनुभव

जंग अज़्माई : लड़ाई का अनुभव

जंग आलूदगी : जंग लगकर खराब हो जाना

जंग गाह : लड़ाई का मैदान

जंगजू : लड़ाई झगड़ा, पसंद

ज़ंजी : हवशी

जदपील : बहुत बड़ा हाथी

ज़बूरे असल : शहद की मक्खी

जबेरे सुर्खा : तें तैंय्या

जऔफ : बूढ़ी स्त्री

ज़ंऔफु द्दिमाग : कमजोर दिमागवाला

ज अऔफुल कल्व : जिसका दिन कमजोर हो

जऔफुल मे अदा : जिसका पाचन कम जोर हो

जका : बुद्धीमता, अक्ल

ज़काव : लिखत की सियाही

जकावता : बुद्धीमता, मनीषा

ज़कीक : धीमी चाल

ज़कूर : चोर, कंजूस

ज़रब्रफः : झूठी और बनावटी बात

जग़ : रई

जग़ीत : मूर्ख, बुद्धीहीन

जगीर : अलसी

ज़जाज : न्याय याचना

जंजूमः : बौना आदमी

जंजोते बीख़ : डॉट फटकार

ज़द : चोट मार

जद : दादा पितामह नाना

ज़द : गोद

ज़दन : मारना, जलाना

ज़दोकोव : मारपीट लात घूंसा

ज़फ : खिन्न मलिन

जफ़र नसीव : जिसके भाग्य में विजय हो

जफा कश : महनती

जफा कार : अत्याचार करने वाला

जफ्त : मोटा मजबूत

जफूर : तीव्र गन्ध

जफूबः : अधिकता, बाहुल्य

ज़वां आवर : भाषा का अच्छा ज्ञाता

ज़वॉ ज़द : जो जन्ता में प्रसिद्ध हो

जवा : कर

जवाने शीरीं : मीठी जबान

ज़बाबः : बड़ा चुहा

जाविल : बुरे स्वभाव वाला

जर्बी : हरिण

जव्ते गिर्य : ऑंसू न निकलने देना

जम : निंदा, बुराई

जमद : वर्फ

जमन : घायल होना पीड़ित होना

जमम : मजबूत शक्तिशाली

जमादात : वे जान और जड़ चीजें

जमानाए माजी : गुजारा हुआ समय

जमानेअ मुस्तक्विल : भविष्य काल

जमानते हिफ्जे अमन : शान्ति बनाये रखने की जमानत

जमाल : सुन्दरता हुस्न

जमाहीर : बड़े बड़े व्यक्ति

जमिस्ता : जाड़े की रितु

ज़मीदन : चबाना

जमी ने रज्म : युद्ध स्थल

जमीन सुफेद : वह जमीन जिस पर मकान बने हो

जमीम : बुरा, खराब

जमीर फर्राशी : गद्दारी

जग्ज़मः सेजी : गाना चाहचाहना

ज़मूर : वॉसूरी बजाना

जरज़ : सख्ती, कठोरता

जर परस्ती : बहुत बड़ा लोभ

जरपाशी : बहुत अधिक दानशीलता

जररर सी : हानी पहुँचाना

जररे सरीह : धमकी मारपीट

जरस : दांत खट्टे होना

जराइ में पेशः : आदतन अपराधी

जराफ़त : हंसी ठठोल

जराफत निंगार : हांस्य लेखक

जरासीम कुश : कीड़े मारने वाली दवा

ज़रिस : चिड़चिड़े स्वभाव वाला

जरीदः निगार : पत्रकार, अखबारनवीस

जरीफ मिजाज़ : हंसी मजाक स्वभावा वाले

ज़रीवः : तलवार से घायल

जरीब : खेत नापने की जंजीर हाथ की छड़ी

जरीम : जलाहुआ

ज़रीर ः पाप गुनाह

ज़रीस ः बहुत भूखा

ज़रीह ः घायल, जख्मी

ज़रे अमानत ः किसी के पास धरोहर से रूप में रक्खी

ज़रे मुबादल ः अन्तराष्ट्री मुद्रा

ज़रे कल्व ः खोटा सिक्का

ज़रे तिला ः शुद्ध सोना

ज़रे बैआन ः पेशगी

ज़रे, मुतालब ः डिग्री आदि का रूपया

ज़रे सफेद ः चाँदी

ज़रे सारा ः शुद्ध सोना

ज़रो गौहर ः सोना और मोती

ज़र्क़ ः पन्नी की वीट

ज़र्फ ः ऑंसू बहाना

ज़र्फे आफताब ः शराब का प्याला

ज़र्व खान ः टंकशाला, टकसाल

ज़र्वा ः आसमान

ज़र्मः ः सफेद घोड़ा

ज़र्मः ः आग

ज़रार्फ़ ः बहुत बड़ा हसोड, दिल्लगी बाज

ज़र्राद खानः ः हथियार घर

ज़र्राब खान ः टकसाल

जरींवाल ः सुनहरे बाल वाला

ज़र्स ः दॉंत से पकड़ना

जलम ः तराजू का पलड़ा

जलादत ः चुस्ती फुर्ति

ज़लाल ः पाप, गुनाह

जलाल तेशानः : व्यक्ति की महत्ता

जलीक : तेजधार, तलवार

ज़लूम : बहुत बड़ा अत्याचारी

जल्ला : जादूगरी

जल्सये अदालत : अदालत की कार्यवाही

जल्से खास : वह सभा जिसमें बिना आज्ञा प्रवेश न हो

जवाँ मर्गी : जवानी की मृत्यु

जवाँ सालेह : अच्छे, आचरण वाला

जवाइद : वातोडिया

जवाज़ : पासपोर्ट

जवाद : दानशील

जबावी हमल : दुश्मन पलट कर हमला करना

ज़वाल : पतन

जवाले माह : पूर्ण मासी के बाद घटना

ज़ब्बार : तीर्थ यात्रा

जशीव : अस्वादिष्ट वस्तु

जशीश : दलिया

जवा सीस : गुप्तचरों का समूह

जविल फराइज़ : कर्तव्यवान

जस दे खाकी : नश्वर देह

जहर आशाम : जहर पीने वाला

जहखंद : खिसयानी हंसी

जहदारू : विष दूर करने की दवा

ज़हनबा : कड़वी बाते करने वाला

जहनाश : जहर पीने वाला

ज़हबा : जहर मिला खाना

जहश : अत्याचार, क्रोध

(जा)

जाँ आजार : संताने वाला

जाँ आहन : बेरहम

जाँ कंदन : शरीर से प्राण निकलना

जाँ काह : अत्यंत कष्ट देने वाला

जाँ गुसिल : प्राण घातक

जाँ पनाह : प्राणों की रक्श करने वाला

जाँ फ़िशाँ : प्राण न्यौदावर करने वाला

जाँवरी : प्राण बच जाना

जाँ सि तानी : प्राण लेना, अत्याचार

जाँ सीपीरी : किसी को अपने प्राण (सुपुर्द कर देना)

जाँ सोज : संताप सहने वाला

जाए अंदेश : खतरे की जगह

जाए अुजूर : वहाना बनाने या टालने का अवसर

जाएदाद आवाई : पैतृक सम्पत्ति

जाएदादे गैर महूँन : वह सम्पत्ति जो कही गिरवी न हो

जाए दादे मक्सूव : वह सम्पत्ति जो खुद बनाई हो

जाए, पनाह : बचाव का स्थान

जाए, मकाफात : बदले का मौका

जाअ माजरा : वह अपराध हुआ हो

जांइद : जन्म देना वाला

जइकः चश : मजा चरवाने वाला

जाइक शिनास : स्वाद जानने वाला

जइस अज़ हिसाब : जितना चाहिए उससे ज्यादा

जाइदुल अुम्र : बड़ी उम्र वाला

ज़ँइफ : टीला

ज़ाइब : पिघलने वाला, द्रवीभूत

ज़ाइर : दर्शनार्थ आने वाली स्त्री

ज़इरे हरम : मक्का जियारत करने वाला

ज़ाइल : नष्ट, बरवाद

ज़ाक : फिटकरी

जाकिर : इमाम हुसैन की शाहादत का हाल करने वाला व्यक्ति

ज़ाख़िर : चढ़ा हुआ दरिया

ज़ाग़ : कौआ

ज़ाग़ चश्म : कंजी आखों वाला

जाग़ दिल : वेरहम

जांगपा : व्यग, ताना

जागित : एक कठोर दर्द

ज़ाज़ख : गप्पी

जाजिबे तवज्जोह : ख्याल का अपनी और खींचना

ज़ाजिर : डॉट डपट करने वाला

जाजी : काफी अधिक बदला देने वाला

जार्जिब : जज्व करने वाला

जातुल वैन : दलाल

जाते शरीफ : महापुरूष

जादः : पग दंडी

जादअ इताअत : सत्य का मार्ग

ज़ादन : जन्म देना, पैदा करना

ज़ाद बरज़ाद : पुश्त दर पुश्त

ज़ाद वूंद : साजो समान

ज़दबूम : जन्म स्थल

ज़ादुवी : जादूगरी

जादू सुखन : अपनी बातों से दूसरे को मोहने वाला

ज़ादे, खातिर : कवीता, काव्य

जाते राहू : रास्ते का खाना, खर्च

जान आजारी : कष्ट देना

जान शीनी : उत्तराधिकारी होना

जानिब दारी : तरफदारी

जाने विरयाँ : अंगूरी शराब

जाफ : अचानक मौत

ज़ाबित : सहनशील

जाविअे फौजदारी : फौजदारी अदालत का कानून

जाविर : विद्धान, ज्ञानी

ज़ाविल : बोना व्यक्ति

जमअे एहराम : हाजी जो कपड़े हज करने के समय पहनते है

ज़ामि मस्जिद : शहर की तवे बड़ी मस्जिद जिसे जुमे की नमाज होती है

जामिदुल अक्ल : जिसकी वुद्धि ठस हो

जामिन : जमानत करने वाला

जामी : नगर से सम्बन्ध रखने वाला

जामे आली : बहुत बड़ा प्याला

जामे सिफ़ाली : मिट्टी का कुल्हड

जायक : छोटा स्थान

जार : पड़ोसी, भागीदार

जार : समुदाय, जन समूह

ज़ार : दुबला-पतला

जारी : विलाप रोना

जारं जुबूँ : दशाहीन् दुखी

जरो नालाँ : दुखी और रोता हुआ

जारोब : झाड़ू

जारो मजरूर : खीचने वाला

जालियः : देश निकाला

ज़लूक : गोली (वन्दूक से चलने वाली)

ज़ालूत : अत्याचारी शासक

ज़ाव : बुनियाद

ज़ावलान लान : बेड़ी

जाविदाँ : नित्य, हमेश रहने वाला

जावियः : कोना, एकान्त

जासिद : सूखा खून

जासिम : सीने केबल सोने वाला

जाह : इज्जत, पद रूतवा

जाहिद : संयमी, विरक्त

जाहिर परस्त : ऊपर की टीम टाम से आकर्षित होने वाला

जहो जलाल : शान शौकत रोवादाव

(ज़ि)

ज़िदः : जीवित जीता हुआ

ज़िदः दर गोर : नीरस

ज़िद वाश : बड़ी उम्र मिले

ज़िदानी : कारावासी कैदी

ज़िस ख़ान : अनाज आदि रखने का कोठा

ज़िसवार : पटवारी के कागज

ज़िक्की : पानी की मशक

ज़िकेख़फी : ऐसा जप जो मन में किया जाये

ज़िक्रे हवीव : प्रेमी का वर्णन

ज़िग़न : वैर, द्वेष

ज़िगर कावी : कड़ा परिश्रम

ज़िगर रव्वार : जिगर को खाने वाला, दुख देने वाला
ज़िगर गोशः : जिगर का टुकड़ा
ज़िगर चाक : जिसका कलेजा फटा हो
ज़िगर सोज : साहनुभूति करने वाला
ज़िजम : नींव बुनियाद
ज़िद्दन : माजना साफ करना
ज़िद्दौ जहद : पराक्रम और प्रयास, दौड़ धूप
ज़िनायत : पाप, गुनाह
ज़िन्नत : आरोप, तोहमत
ज़िन्नत : कंजूसी
ज़िफ़ूर : हष्ट पुष्ट युवक
ज़िवक : वर्षा की बूंद
ज़िवायत : धन एकत्र करनकाक
ज़िवाले रिसियात : बड़े बड़े पहाड़
ज़ियाँ आवर : हानिकारक
ज़ियादः खोर : बहुत खाने वाला
ज़ियादः गोई : गप्पी
ज़ियाद सरी : धमण्डी
ज़ियापाशी : प्रकाश फैलाने वाला
ज़ियाफ़त ख़ान : अतिथियों की भोजन शाला
ज़ियाह : पानी मिला हुआ दूध
ज़िराअती : कृषि संबंधी खेती से
ज़िराफतन् : हँजी में, मजाक में
ज़िराहत : घाव जख्म
ज़िरिव्बान : गिरिवान
ज़िरिह पोश : कवच धारी
ज़िल : छाया परछाई

ज़िलाकार : चमकाने वाला
ज़िल्फ : खुर
ज़िल्ले आतिफ़त : छात्र छाया
ज़िल्लोज़ : चिल्गोज़ः
ज़िलवाज़ : कोतवाली का सिपाही
ज़िव्व : आसमान, आकाश
ज़िश्त : खराब, बुरा
ज़िश्तरू : वद सूरत
ज़िहूने रसा : जल्दी समझने वाला
(जी)
जी अक़्ल : वुद्धिवान
जी अबरू : प्रतिष्ठित सम्मानित
जी इक्तिदार : सत्ताधारी, हाकिम
जी इख्तियार : अधिकार प्राप्त
जीक़ : तंगी सकोच
जीखीरद : अकलमंद, होशियार
जीन सवारी : घोड़े पर सवार होना
ज़ीफन : बिन बुलाया मेहमान
जील : मनुष्यों का समूह, गिरोह, फौज
जी हैसियत : धनवान, प्रतिष्ठित
(जु)
जुंद्र : सेना फौज
जुवीद : हिला हुआ
जुंविश : कंप हिलन
जुअमाये मिल्लत : राष्ट्र के नेता
जुआक़ : खारी
जुआफ़ : घातक विष

ज़ुक़ः : मर्दानी, मर्दों जैसी

ज़ुग़ागः : मूर्ख, वेबकूफ़

ज़ुग्लूल : फुर्तिला मनुष्य

ज़ुजरस : कम खर्च, कंजूस

ज़ुग़ाज : काँच शीशा

ज़ुज़बे कुल : सम्पूर्ण वस्तु

ज़ुदर : दीवार

ज़ुनाव : जुड़वाँ

ज़ुनुअगेज़ : जुनून बढ़ाने वाला

ज़ुफ्तक : चकवा चकवी सुर्खा का सुरक्षा जोड़ा

ज़ुफ्त फरोश : जूता वेचने वाला

ज़ुबार : मंगलवार

ज़ुम्हूर : साधारण जन्ता

ज़ुर्मन कर्दः : जिसने अपराध न किया हो

ज़ुस्तजू : तलाश

ज़ुह : दोपहर की नमाज का समय

(ज़ू)

ज़ूऐख़ूँ : रक्त की नदी

ज़ूई बार : जहां बहुत सी नदिया बहती हो

ज़ूक़दर ज़ूक : झुंड के झुंड

ज़ूद : दानशीलता

ज़ूद असर : तुरन्त असर करने वाली दवा

ज़ूदगो : जल्द शेर कहने वाला

ज़ूदन नसीवी : जल्द लिखना

ज़ूद पशेमाँ : अपनी भूल पर जल्दी पछताने वाला

ज़ूदफहम : जल्द बात को समझाने वाला

ज़ूद रंजी : जल्दी बुरा मानने वाला

ज़दसैरी : किसी बात से जल्द उबजाने वाला

ज़ूफ : लनात, धिक्कार

ज़ूर : छल कपट, फरैव

ज़ूहीदन : वारिश में छत टपकना

(ज़े)

ज़ेअब : भेड़िया

ज़ेवा : सुन्दर, दिलकश

ज़ेब शमाइल : जिसका स्वभाव सुन्दर हो

ज़ेवो जीनत : बनाव सिंगार, वेश भूषा

ज़ेरदस्त : दुःखी असहाय

ज़ेरवारी : कर्ज से दवा होना

जरे असर : जो किसी के प्रभाव में हो

ज़ेरे तालीफ : जो लिख जा रहा हो

ज़ोरे फ़ौफ़ : गाली

ज़ेहग़ीर : वह अंगूठी जो तीर चलाने वाले उंगली की रक्षा के लिये पहनते है।

(जै)

ज़ै : जीवन, आत्मा, रूह

ज़ैअ : नष्ट होना भरना

ज़ैगन शिकार : सिंह का शिकार करने वाला

ज़ैत : निगाह रखना

ज़ैतार : मोटा कंजूस

ज़ैफ : मेहमान

ज़ैभ : सितम अत्याचार

ज़ैयान : शहद मधु

ज़ैयिद : विद्वान

ज़ैर : कष्ट

ज़ैल : दुर्बल

ज़ैबन : बिल्ली का बच्चा

ज़ैश : सेना फौज

(ज़ो)

ज़ोइंद : खोजी जिज्ञासु

ज़ोक : पास, निकट

ज़ोगन : ओखली

ज़ोया : ढूंढने वाला, खोजी

ज़ोयानीदन : खोज करना

ज़ोशिकन : दमन करने वाला

ज़ोरकलम : लेखन शक्ति

ज़ोलीदःवयाँ : वेतुकी बातें करने वाला

ज़ोलीदःहाल : फटेहाल

ज़ोशन : कवच

ज़ोशाँ : जोश भरता हुआ, उबलता हुआ

ज़ोशाँदन : उबालना, खौलना

ज़ोशअश्क : आँसूओं का जोर

ज़ोहीदः : वर्षा के बेगसे टपकती छतः

(ज़ौ)

ज़ौआन : बहुत भूखा

ज़ैक : स्वाद मजा

ज़ैकोव : दर दरा

ज़ौज़ : पत्नी

ज़ौजए मुतलक : तलाक दी हुई पत्नी

ज़ौजए मनकह : विवाहित स्त्री पत्नी

ज़ौज अंसानी : दूसरी ब्याहता स्त्री

ज़ौजन : जादूगर

ज़ौजीयत : शौहर पन
ज़ौदत : पुनीतता नेकी
ज़ौवान : पिघलना
ज़ौर : अत्याचार
ज़ैलगाह : घोड़े दौड़ाने का मैदान
ज़ौहर शनास : गुण को पहचानना
ज़ौहर अदेश : कल्पना शक्ति की सुगमता
ज़ौ हरे शम्मशीर : तलवार पर पड़ी हुई वारीक लहरे जो अच्छे लोहे की पहचान होती है।

(त, त़, त़ृ)

तंगः : मुद्रा जिसका लेन देन है

तंग अैश : दरिद्र कंगाल

तंग तलवी : जिद करके माॅंगना

तंग तावी : वल हीनता

तंग वार : जिसके पास हर किसी की पहुंची न हो

तंगसार : बुद्धि की कमी

तंगार : सुहागा

तंगि अैजा : जगह की तंगी

तंज़ निगार : व्यंगपूर्ण लेख

तंजीदन : लपेगटना, निचोड़ना

तंज़ीर : डराना

तंजीस : अपवित्र करना

तंबुल : आलसी बहुत मोटा

तंशीत : प्रसन्न करना, खुश करना

तंसूक : अनोखी चीज

तअज़्ज़ी : संयम से काम लेना

तअज्जुज़ : प्रिय होना

तअज्जुर : काम में अड़चन पड़ना

तअत्तुफ : मेहरवानी

तअद्दर्दा : अत्याचार

तअन्तुम : देर विलम्ब

तअम्मुल : विचार, शुभ हा संकोच

तअय्युन : निश्चय करना

तअल्लुकः : जाइसद भू सम्पत्ति

तअस्जुफ़ : कुमार्ग चलना

तअस्सुम : स्वयं को पापी मानना

तअहहुद : किसी काम का बीड़ा उठाना
तआती : लेना
तआतुफ़ : एक दूसरे पर कृपा करना
तआदि : परस्पर दुश्मनी करना
तआबुद : निग़ाह रखना
तआली : उन्नति करना
तआवुन : एक दूसरे की सहता करनाए
तआशुर : परस्पर जीवन व्यतीत करना
तअकीरंलफ्जी : शब्दों में एसा फेरबदल जिससे अर्थ बदल जाया
तअज़ियत : किसी के मरने पर उसके घर शोक प्रगट करने जाना
तअदाद : गणना, अदांज
तअन : व्यग कटाक्ष
तअनीफ़ : डॉट फटकार
तअवियः : सजना, संवारना
तउवीरगो : स्वपनफल बताने वाला
तअम : स्वाद, रस, जाइका
तउमीक : परिणाम सोचना
तअमीम : साधारण रूप देना
तअंमीरेकौम : राष्ट्र निर्माण
तअपीन : प्रधानता देना
तअपीर : डॉट फटकार करना
तअलीमें अअला : उच्च शिक्षा
तअलीमें इन्तिदाई : बैसिक शिक्षा
तअलीमें जेदीद : नई तालीम आधुनिक शिक्षा
तअलीमे निस्वाँ : औरतो की तालीम

तअवीक़ : ढील, ढेर

तकन्नी : उपाधि पाना

तरूद्दुम : पहले होना, आगे होना

तकहुर : मैला होना, उदासी

तकद्दूस : पवित्रता, बुजुर्गी

तकव्बुर : अभिमान

तकव्बुल : स्वीकार करना

तकय्युद : वंदी होना, कैद होना

तकरूबा : समीपता, निकटता

तकर्रूम : कृपा करना, दान करना

तकर्रूर : बार बार लौटना

तकल्लुद : जिम्मेदार होना

तकल्लब : पलटना

तकल्लुम : बातचीत करना

तकल्लुस : चूना बनाना

तकस्सुर : अधिकता, बाहुल्य टूटना, टुकड़े होना

तकाअुद : काम छोड बैठना

तकातुल : एक दूसरे का वध करना

तकाबुल : एक दूसरे के आमने सामने

ताकामुल : पूरा होना, पूर्ण होना

तक्ईद : कैद करना

तकदीस : पुनीतता पवित्रता

तकफील : जमानत देना

तकिरीअ : निंदा करना

तकरीजसिगार : अलोचना लिखने वाला

तकलीफ फर्मा : कष्ट उठाने वाला

तक्कीम : धायल करना

तक़लीले ग़िजा : कम खाना

तक़्लीले कद्रेज़र : सिक्के का मूल्य घटना

तकलीस : मधुर स्वयंमें गाना

तक़सीर : बहुतायत

तखल्लुस : शायर या कवि का उपनाम

तखव्वुन : किसी का अधिकार छीनना

तखव्वुफ : भयभीत होना

तरवाफुत : भेद बताना, राज बताना

तखालुज : शंका होना शक होना

तरवालुफ : शत्रुता, वैर

तरवालुस : स्वतंत्रता, आजादी

तख़ा सुम : परस्पर शुत्रता करना

तख़फीर : लज्जित करना

तख़्मीन : अनुमान, अटकल

तख़लीद : चमकाना

तख्वीन : ग़बन का आरोप

तख़वीफ : डराना धमकी देना

तकसीसी : विशेषता

तग़ाई : मामा

तज्वीर : धोका

तज़्हीक : हँसी उड़ाना

ततंमीम : तमाम करना

तदव्वुर : परिणाम का सोचना

तदावी : उपचार इलाज

तना कुज़ : मनमुटाव

तद्रीस : पढ़ाना, पाठन

तदहीन : तेल चुपड़ना चिकना करना

तन ग़गुस : खिन्नता, मलिनतस
तन परस्त : काम न करने वाला
तनफ्फुस : दमे की बीमारी
तनाकुस : ग़लती
तनाकुह : विवाह करना
तनाज़अ : झगड़ा
तनाजी : काना फूसी करना
तनादुम : मित्रता से रहना
तनाबुल : भोजन आदि खाना
तनासानी : आलस
तनासुफ़ : न्याय करना
तनूक़ : प्रचलित मुद्रा
तनकीद : परख पड़ताल
तनदीद : पर्दा उठाना
तपंचः : थप्पड, तंमचा
तपक : बेकरारी, व्याकुलता
तपे मोहरकः : टाईफाईड
तफक्कुर : चिंता सोच
तफ़ज़्जुल : बुजुर्गी
तफ़न्नुन : मनोरजन
तफरूक़े इत्तिसाल : क्षति घाव
तफ़ारूक़ : एक दूसरे से जुदा होना
तफाबुल : शकुन का विचारना
तफ्त : जला हुआ
तफ्रिकः अंदाज : फूट डालने वाला
तफ़्रीद : सबसे अलग पड़ जाना
तबक़ज़न : लड़ाने वाली स्त्री

तबख़्तुर : गुरूर से चलना

तबतीन : हमराज बनना

तबन : बुद्धिमानी

तवन्नी : किसी बालक को गोद ले

तबरूक : वह चीज जिसमें बरकत हो

तबाअत : छपाई मुद्रण

तवागुज़ : बैर रखना

तबादुर : किसी काम को दूसरे से पहले कर लेना

तवा ही जद : भाग्य हीन

तबीआत : भौतिक शास्त्र

तबूअे खॉ : प्रतिभा शाली

तब्ज़ीर : फिजूल खर्ची

तबूदीन : बुढ़ापा

तब्बाखी : बावरची का पेशा

तब्लीग : प्रचारकरना

तबवीब : पुस्तक में अध्यायो का विभाजन

तबसीर : परिचय कराना

तमाशः : तमाशा

तमाशा कुना : सैर से दिल वहलाता हुआ

तमाशा ख़ानम : हसने हसांने वाली औरत

तमा सुख : किसी ऐसी सूरत बिगड़ना की जो न पहचाना जा सके

तमीस : अन्धा

तमूज़ : धूप की गर्मी

तमक़तन : अभिमान

तमील : मालदार करना

तय्यारची : पायलट

तय्याश : बुद्धी हीन

तरद्दुद : चिन्ता, सोच, फ्रिक

तरह दार : बाँका छवीला

तराजिअे तरफेन : दोनों पक्षों की रजामंदी

तराश ख़राश : कतर व्योत, कांट छांट

तर्के अंलाइक : सन्न्यास लेना

तर्के लजजात : सुख चैन अच्छा खाना पीना छोड़ना

तर्के मुवालात : असहयोग

तर्गब : लालच देना

तर्जील : छोड़ना

तर्फ : पलक झपकना

तर्मीम : मरम्मत करना, सुधारना

तर्मूस : जाहिलः

तर्रार : तेज वोलने वाला

तर्सनाक : भयभीत, डरा हुआ

तल : ओस, शबनम

तलक्कुन : समझना

तलब्बुस : कपड़े पहनना

तलब्वुन मिज़ाज : जिसकी राय बदलती रहे

तलहहुज : लालच

तलाकत : वाक्य पटुता

तलाब्बुन मिज़ाज : अस्थाई स्वभाव वाला

तल्ख : नागवारा

तल्ख़गो : कटुभाषी

तलबीम : बुरा भला कहना

तवाविल : गरम मसाले, फ़ाली मिर्च, लांग, इलायची

तबारीख़ : किसी देश का इतिहास

तवालत : ढील देर, बखेड़ा

तशक्वुक : भ्रम और शंका में पड़ना

तशत्तुतल : तितर बितर होना मुतशिर होना

तशद्दुद : सख्ती करना

तशय्युन : शानदार होना, भव्य

तशव्वुक : कामना, शौक

तशागुल : अपने आपको व्यस्त रखना

तश्स्वीसे मरज : बिमारी का जांच

तश्नः : प्यासा तृषित

तसर्स फैवेजः : गवन

तसादुक : सफाई पेश करना

तसादुफ : अचानक भेट होना

तसाफुह : हाथ मिलाना

तसाँमुह : वीरता, बहादुरी

तसालुम : सन्धि करना

तसीर : सैन करना

तस्वीर : जीतना, कब्जा करना

तस्गीर : छोटा करना

तसजीअ : तुक बन्दी

तस्मःकश : गले में फंदा डालना, जल्लाद

तस्मबाजी : छलन कपट, फरेब

तसमीम : द्रढ करना, मजबूत करना

तस्यीद : शिकार करना

तस्रीब : बुरा मानना, मनामत करना

तस्लीम : कबूल करना, आज्ञा का पालन

तसरीब : ठीक रखना

तस्वीरे गिली : मिट्टी की मूर्ति

तस्हील : सुगम बनाना

तहक्कुम : हुक्म जताना

तहतुक : तू तू, मैं मैं अपमान

तहद्दुस : समाचार देना, बात करना

तह फ़्फुज : सुरक्षा, हिफाजत

तहाव : आपस में मोहब्बत करना

तहाफी : नेक होना

तहीयत : सलाम प्रणाम

तहूर : पवित्र निर्मल

तहकीर : अपमान, अनादर

तहजीन : दुःखी करना

तह जीवे जदीद : नवीन सभ्यता, पाश्चात सभ्यता

तहदीद : डरना धमकाना

तहसील : मालगुजारी राजस्व जिले का एक भाग

तह सीले ज़र : रूपया कमाना

तहसुन : किला बन्द होना

(ता)

ता : तक, तलक

ताअत : उपासना, आराधना

ताइव ण: : तौबा करने वाला किसी बुरेकाम को छोड़ देना

ताइर : हमवा में उड़ने वाला पंछी

तईदे मजीद : अत्याधिक सहायता

ताऊन : प्लेग, महामारी

ताख्त : आक्रमण, लूटमार

ताख्तो ताराज : बरवादी, लूटमार

तगिया : अत्याचारी

ताजःरू : आनन्दित प्रसन्न

ताज वारिद : जो अभि अभि वाहर से आया हो।

ताजिन्दः : आक्रमणकारी

ताजी खानः : कुत्तो के रहने का घर

तातुर : धतुरा

तदमे जीस्त : जब तक आखिरी साँस

तादीन : अवगत कराना

तादीव : अदब सिखाना

तानिस : आदत डालना

तपाक : व्याकुलता, बैचेनी

ताफ़ी : टोपी

ताब : सुगन्ध, खुशबू

ताब जीस्त : जीवन भर, जीते जी

ताबदान : मकान का रोशनदान

ताबः मक्दूर : यथा शक्ति

तबानी : प्रकाश आभा

ताबिअ फरमान : आज्ञा पालक

ताबिन : बुद्धिमान, होशियार

तविशे अफ़ुताब : धूप की गर्मी

तावेगम : दुख सहने की शक्ति

तामीन : सहायता, सुरक्षा

तारकशी : सोना चांदी के तार बनाना

तराजगर : डाकू लुटेरा

तरीखवार : क्रम अनुसार

तारे अश्क : आँसुओं का तार

तारे नफ़्स : साँ का आना जाना

तालिान : लूटमार

तलार : माचान

तालिअे खुफ्तः : दुर्भाग्य

तालिअे बेदार : सौभाग्य

तालिक : तलाक दी हुई स्त्री

तालिद : पुराना धन

तालिबे अिल्म : विद्यार्थी पढ़ने वाला

तालिबे दीदार : दर्शनों का अभिलाषी

तविला : मेज

तासीर : प्रभाव असर

तासीस : नींव रखना

ताही : बावर्ची, रसोई

तहून : चक्की

(ति)

तिंक : टीन

तितख़ाम : हथिनी

तिफ्ल : बालक, बच्चा

तिफ्लाने चमन : बाग के छोटे पौधे फूल

तिफ्ली : लड़कपन

तिबाबत : चिकित्सा कर्म

तिब्न : सुखीघास

तिब्बे कदीम : प्राचीन चिकित्सा

तिब्बे जदीद : नवीन चिकित्सा

तिमुर (तैमुर) : लोहा, फौलाद

तिर : ईर्ष्या, द्वेश

तिराजीनदन : चित्रकारी करना

तर्कि : मुर्दे का माल

तर्बि : हमजोली हम उम्र

तर्वील : ऊँचा सितारा, ऊँची इमारत

तिर्याकी : अफीम खाने वाला

तिलाए नाव : खालिस सोना

तिल्ची : गुप्तचर जासूस

तिही : रिक्त खाली

तिही दस्त : जिसका हाथ खाली हो

तिहमः : कठोर लड़ाई

(ती)

तीताल : धोखा देना

तीनत : स्वभाव, प्रकृति

तीव : प्रसन्नता खुशी

तीबत : मनो विनोद मनोरंजन

तीवा : प्रतिक्षा

तीब ख़ातिर : प्रसन्नता

तीर मग्ज़ : मूर्ख बेवकूफ

तीरः रोज : छली ठग

तीर खुर्द : तीर खाया हुआ

तीरावर : धूर्त, छली

(तु)

तुंद्र खूई : चिड़चिड़ापन

तुदबाद : आँधी

तुदर : गर्जन बादल गरजना

तुंदराय : अदूरदर्शी

तुंद रू : कंजूस

तुंदी : वद मिजाज

तुंबान : ढीला ढाला पजामा, शलवार

तुक्लान : विश्वास, आस्था

तुख़्म पाशी : खेत में बीज बोना

तुगराये इक्तियाज़ : पूर्वजो की निशान

तुगराये निदामत : लज्जा का निशान

तुनुक जफी : छिछोरा पन

तुनुक हवास : बुद्धीमान, अक्लमन्द

तुम तुराक : वैभव शन शौकत

तुरूं जीदन : उदास होना

तुरूश : अम्ल, खट्टा

तुके नीमरोज : तुर्क गुर्दू

तुर्क सितमगर : अत्याचारी प्रेमी

तुर्फ माजरा : विचित्र घटना

तुर्वत : कब्र समाधी

तुर्शी : खटास, वैर

(तू)

तूग : ध्वज, पताका

तूत : झगड़ालू आदमी

तूतक : तोता

तूती : नौका, जलयान

तूद : मिट्टी का ढेर

तूनः : ठोडी का गड्डा

तूफान आतश : जोर की आग

तूफाने बाद : तेज ऑंधी

तूब : कपड़े का थान पक्की ईंट

तूल अुम : लम्बी उम्र

तूल कलाम : विस्तृत वार्ता

तूसदान : कारतूस रखने का छोटा सन्दूक

(ते)

तेग : खड्ग कृपाण

तेगए आबदार : धारदार कटार

तेग़जनी : सिपाई जिसका तलवार चलाने का काम हो

तेगा : कुश्ती का दाँव

तेगे कोह : पहाड़ की चोटी

तेगे गुलगीर : गला काटनेवाली तलवार

तेगे दुदम : दोनों और धारवाली तलवार

तेज गोश : जल्द बात सुन लेने वाला

तेज तबुअ : तेजअक़्ल, तीव्र बुद्धि

तेजददाँ : जिसके दाँत तेज हो, लोभी

तेज दम : फुर्तिला

तेज फहमा : बुद्धीमान

तेज़ोतुदं : बहुत तेज, तीव्र

(तै)

तैए अर्ज : रास्ता तय करना

तैए मराहिल : यात्रा की कठिनाईयां तय करना

तैए लिसान : आवाक हो जाना, चुप रहना

तैयार : वायुयान विमान

तैयार शिकन : वह तोप जो हवाई जहाज को गिराती है

तैयार ची : हवाई जहाज चलाने वाला

तैर : चिड़िया, परदे

तै रान : हवा में उड़ना

तैलिसान : कन्धरे पर डालने वाली चॉदर

तैसः : विस्तर शैय्या

तैसीर : सुगम करना, आसान बनाना

(तो)

तोख़्तनी : संग्रह करना, चुकता करना

तोग : ध्वज बैल का जुआँ

तोमः : चांदी का मोती

तोर : कानून नियम

तोलचः : बारह माशे का तोला, तोला

तोशः : सफर का समान खाने पीने का

तोशक : पंलग पर बिछाने का रूईदार गद्दा

तोशदान : सिपाहियों के कारतूस रखने की पेटी

तोशमाल : खान सामाँ, बावर्ची

(तौ)

तौअ : सहमति, अभिलाषा

तौअऩ : आज्ञा से इच्छा से

तै अमान : दो जुड़वा बच्चे

तौक़ : स्त्रीयों के पहनने की हंसली

तौक : इच्छा अभिलाषा

तौ काफ : छत टपकना

तौकीअ : वादशाह का किसी आदेश पर साइन करना

तौकीत : समय निर्धारित करना

तौक़ीर : मान्यता, सत्कार

तौ के गुलामी : पराधीनता की लानत

तौज़ीअ : कपड़े में रूई भरना, टुकड़े करना

तौजीद : गम उठाना, दुख सहना

तौंज़ीन : तुलवाना वजन करवाना

तौजीफ़ : ईश्वर की प्रार्थना

तौज़ीर : इल्जाम लगाना

तौज़ीह : व्याख्या, विवरण

तौजीहनवींस : विवरण लिखने वाला

तौतीद : मजबूत करना

तौतीन : आराम करना

तौदीअ : विदा करना रूखसत करना

तौ नील : पहाड़ी सुरंग

तौ फाँ : चारो और परिक्रमा करना

तौफिय : वफा करना

तौ फ़रीदन : दहाड़ना, गुर्राना

तौफ़ीन : इच्छा करना

तौफ़ीर : अधिक्य, प्राचुर्य

तौ बग : खजान कोष

तौरः : पुत्र, बेटा

तौरिय : दिल में कुछ, मुँह में कुछ

तौरीअू : बचाये रखना, दूर रखना

तौरीदन : लज्जित, शर्मिंदा होना

तौफीयः : वफा करना

तौलीद : पालन पोषण करना

तौलीदन : ध्यान पूर्वक काम करना

तौलीयत : शासक बनाना

तैसन : अश्व, घोड़ा

तौसिय : वसीयत करना

तौसीअ भुला जिमत : सेवारत होने के पश्चात अवधि बढ़ाना

तौसीख : मैला करखा

तौसीफ़ : तारीफ करना

तौसीम : आलस्य

तौसीस : नकाब डालना

तौहीश : भागना भगदड़ मचाना

तौसीम : वहम में डालना

(द)

दंद : शत्रुता, दुश्मनी

ददाँजनी : शस्त्रुता, द्वैष, वैर

ददाँनुमा : दाँत दिखाने वाला

ददाँ शिकन : मुँह तोड़

ददाँ खाज : डैन्टिस्ट

ददाने खिरद : अक्ल दाढ़े

दआवते शिराज : सीधी सादी दावत

दावते समर कंद : ठाटदार खाना

दक़ : कूटना, पीसना

दकाकीन : दुकाने

दक़ीक़ःरस : बात की तह तक पहुंचने वाला

दक्कः : कूटना

दक्कुलबाब : दरवाजा खटखटाना

दक़तूर : डॉक्टर, वैद्य

दखील कार : वह किसान जिसको जमीन का हक प्राप्त हो

दख़नः : धुआ निकलना

दंग़ल : हाथी का बच्चा

दगूली : धुर्त मक्कार छली

दज़ : महल, दुर्ग, किला

दजल : धोखा छल

ददक : बच्चों की देख रेख करने वाली धाई

दनी : पाजी, कमीना

द्फर : गंदगी कठोरता

दफीन : गढ़ा हुआ खजाना

दफ अे मरज : रोग निवारण

दफ़ज़क : गाढ़ा तरल पर्दाथ

दवा : लाठी मारना

दबीर : लिपिक

दबूल : खाद डालना

दबूस : हाथी का गदा

दमक : पसीना

दमकशी : मौन चुप्पी

दमवदम : हरदम निरन्तर

दमर : उल्टा, औंधा

दमी : फुँकनी

दमीद : जमीन से निकला हुआ

दमीदन : गप मारना

दमूर : किसी पर टूट पड़ना

दमे चंद : थोड़ी देर

दमे तेग : तलवार की धार

दमअः : आँसू

दम खुर्दन : धोखा देना

दम गुसिस्त : हाँफा हुआ

दम ज़नी : चुप रहना

दम सांजी : मित्रता, दोस्ती

दरंदाजी : चुगलखेरी

दर कुशा : द्वार खोलने वाला

दर खुर्द : योग्य पात्र

दर गोर : कुछ दिन का मेहमान

दर जमाँ : तत्काल, उसी समय

दरबंद : परकोटा

दरवार दारी : किसी यहां रोज हाजरी देना

दरमांदगी : हीनता दीनता, मजदूरी

दरमान : इलाज

दर पुज़ गरी : भीख मांगना

दरवेश : भिखारी

दरवेश ख्याल : अच्छे विचार

दर ह़मी : गड़बड़ी

दराई : घण्टा आवाज करने वाला

दराज़ कामत : दीर्ध काय

दराज गोश : लम्बे कान वाला

दराज दस्त अन्यायी अत्याचारी

दराज शुदन : सोना लेंटजाना

दरामद : आयात

दरीद दहन : मुँह फट

दरून : मन, चित

दरोग : मिथ्यावादी

दरोग वाफ : झूठ बात बनाने वाला

दरोगी : झूठ बोलने वाला

दर्क : ढाल, कवच

दर्द आलूद : शोक ग्रस्त

दर्द आश्ना : हमदर्द

दर्व : द्वार, दरवाजा

दर्मा : उपचार इलाज

दर्मान्द्र : दुखी, आसहाय

दर्याच : छोटी नदी

दर्यावुर्द : वजमीन नदी की वाद में डूब गया हो

दर्राक : प्रतिभाशाली

दर्वा : अन्धा, निराश्रय हैरान

दर्स : पढ़ना पठन

दलालत : लक्षणा, चिन्ह
दलीद : दलिया मोटा दला हुआ नाज
दल्क : जिस्म को मलना
दवानीदन : दौड़ना
दवी : कान में होने वाली झनझानाहट
दश्त आवार : जंगली में मारा मारा फिरने वाला
दसीष : कुचक्र, साजिश
दस्त दार : दल का नायक
दस्त अंदाजी : हस्थक्षेप करना बाधा डालना
दस्तगिरिफ्त : जिसका हाथ सहारे के लिए पकड़ा हो
दस्त दराजी : जुल्म अत्याचार
दस्त निगार : दूसरों का मुंह ताकने वाला
दस्त पनाह : चीमटा
दस्त पै माँ : ये कपड़े धन आभूषण जो विवाह से पहले दुल्हन के यहां भेजे जाते है।
दस्तफाल : सबसे पहली बिक्री वौमी
दस्त वदस्त : हाथो हाथ
दस्त वोस : हाथ चूमने वाला
दस्तर ख्वान : वह कपड़ा जिस पर खान खाते है
दस्तैश फक़त : छात्रछाया परवरिश
दस्तोकलम : पढा लिखा
दस्तो गिरीवाँ : हाथा पाई करते हुए
दहन दरीद : मुंह फट, गुस्ताख
दहन : भूख छेद, सुराख
दहने तंग : तलवार की धार, मौत का मुंह
दहा : तेज अक़्ली
दहान : मुँह

दनिःअंगदुंम : गेहूं का एकदाना

(दा)

दान ए सीर : लहसून का बीज

दानाए रोजगार : अपने समय का सबसे बड़ा बुद्धिमान

दाना दिल : रोशन जमीर, अन्तर यामी

दानिंद : जानने वाला ज्ञाता

दानिकू : मूर्ख, निर्बुद्धी चोर

दानिश : बुद्धि अक्ल विवेक

दानिश आमोज़ : गुरू, शिष्य

दानिस्त : ज्ञान, जानकारी

दानी : तुच्छ, कमीना

दाफिअे ग़म : गम हटाने वाला

दाब : वैभव, शानो शौकत

दाबिर : पीछे चलने वाला

दाबूग : तरबूज

दावे मज्लिस : सभा में उठने बैठने का ढंग

दावे सल्तनत : राज्य कौशल

दाम गाह : फरेब की जगह

दाम जिल्ल कुम : आपकी छाया सदा रहे

दाम जिल्ल हूॅ : वह सदा जीवित रहे

दाम नुकुल्लहू : उसका शासन सदा रहे

दाम बरकातुहू : उसकी वर्कत सदा रहे

दामन अलूद : अपराधी पापी

दामन कशा : अभिमानी धमण्डी

दामनगिरी : मदद चाहना मित्रता चाहने वाला

दामने उम्मीद : आशा, इच्छा

दमने शब : रात का अंतिम भाग

दामिअ : आँसू वहाने वाला

दामीद : बीज बोया हुआ

दामे अजल : मौत का फंदा

दामे फिरेब : छल रूपी जाल

दायिस : चोर

दार : सूली, फाँसी

दारबाज : धोके बाज़

दाराअे खल्क : ईश्वर

दारूल अुलूम : विश्वविद्यालय

दारूलऐताम : यतीम खाना

दारूल कज़ा : न्यायालय

दारूल करार : स्वर्ग

दारूल कुतुब : किताब घर

दारूल खिलाफत : राजधानी

दारूल तंशखीस : चिकित्सालय

दारूल फना : दअुनिया संसार

दारूलववार : नरख, दोज़ख

दारूल मुलालअः : वाचनालय

दारूलमुल्क : राजधानी

दारूल स्स लाभ : शान्ति का स्थान

दालान : बड़ा और लम्बा कमरा

दाश्तन : रखना

दाह : गुलाम

दाहा : घाटी पहाड़ी

दाही : बुद्धिधंमान

दाहुल : वह कृत्रिम चित्र जो खेत में जानवर को डराने के लिए बनाया जाता है।

(द्रि)

द्रिजाज : मुर्गी, मुर्गा

द्रिज़मान : निराशा अफसोस

द्रिनाअत : नीचता, लोफरपन

दिफाअ : रक्षा, बचाव, हिफाजत

दिबार : बुधवार

द्रिमागसोजी : दिमागी मेहनत

दियानत : ईमानदारी सत्य

द्रिरम खरीदः : खरीदा हुआ गुलाब

द्रिरम सरा : टकसाल

दिशसत : वुद्धि विवेक

दिरेग : हाय अफसोस

दिर्र : चमड़े का कोड़ा

दिर्स : पुराना कपड़ा

दिलकार : दिल पर कार्य करनेवाला

द्रिकुशाई : प्रसन्नता खुशी

द्रिल ख़राश : बहुत ही कष्ट देने वाला

द्रिलगर्म : उत्तजाई पूर्वक

द्रिलग़ीरी : दुखित, रंजीदा

द्रिलज़दः : दुखित

द्रिलजू : सुंदर, हसीन

द्रिलदोज़ : दिल में घुस जाने वाला

द्रिलनशी : जो दिल में बैठ गया हो

द्रिलवर : दिल उड़ाले जाने वाला, प्रेम पात्र

द्रिलबस्त : जिसका दिल कई लगा हो

द्रिलशिकन : दिल तोड़ने वाला

द्रिलसोज : सहानुभूति करने वाला

दिलाजारी ः सताने वाला, कष्ट देने वाला

दिला जुर्दः ः जिसका दिल दुःखी हो

दिले मुज्तरिव ः दिले वे करार

दिले मुर्दः ः बुझा हुआ दिल

दिह कान ः किसान

दिही ः जमीदार, भू-स्वामी

(दी)

दीप नाह ः दीन की फिजत करने वाला

दी ः बीता हुआ कल

दीक ः मुर्गा

दीगर : अन्य, दूसरा दुबार

दीदः ः आँख का ढेला

दीदः दानिस्त ः जानबूझकर

दीदः दिलेरी ः वे हयाई

दीदरेजी ः ऐसा वारीक काम करना जिससे आंखों पर जोर पड़े

दीदवर ः जौहरी पारखी

दीदऔ दानिस्त ः जानबूझकर

दी दवान ः वह ऊर्जा जगह जहाँ से निगरानी की जा सके

दी नारे सुर्ख ः मोहर अशरफी

दीवाज ः एक बहुत बढिया रेशमी कपड़ा

दीमर ः कपोल, गाल

दीमास ः स्नानागार

दीरोज ः बीता हुआ कल

दीवारे जिंदाँ ः जेल की दीवार

(दु)

दुंवालः ः पूँछ के आकार का

दुआगो : दुआ देने वाला, शुभ चिन्तक

दुआवत : स्वभाव का अच्छा होना

दुकास : अँध, नींद

दुकुन : काला होना

दुखान : धुआं भाप

दुखानी जहाज़ : वह जहाज़ जो भाप से चलता है

दुखूल : प्रवेश घुसना

दुख्तर : पुत्री, लड़की

दुख्तरी : कुँवारापन

दुख्तेरेअम : चचेरी वहन

दुख्ते हव्वा : लड़की अर्थात स्त्री जाती

दुग़्द : बधु, दुल्हन

दुज़ा : चटपटी चीज़

दुजन : रात की अँधियारी

दुज़्दी : चोरी का पेशा

दुज्दीदः निगाही : कनखियो से देखना

दुदस्ती : दोनों हाथों से तलवार चलाना

दुनीम : आधा आधा दो टुकड़े

दुनिया साजी : बनावटी बातें

दुरख्शिन्द : चमकने वाला

दुरूस्ती : कठोरता

दुरूद : लकड़ी काटने का काम, खेती की कटाई

दुरूर : पसीना या दुध निकलना

दुरे नयाब : ऐसा मोती जैसा दूसरा न मिल सके, सुपुत्र

दुरोग : असत्य अपराध

दुरोग वयानी : झूठ बोलना

दुर्जः : पिटारी मन्जूषा

दुदकश : शराबी

दुबार : सर चकराना

दुवालूबाज : ठक दगाबाज़

दुशमन जाँ : जान का दुश्मन

दुसीदन : चिपकना

(दू)

दूँ परस्त : गुण्डों को पालने वाला

दूँ हिम्मत : पस्त हिम्मत, हतोत्साह

दूढकश : धुआँ निकलने का सुराख चिमनी

दूबदू : आने सामने

दूर अजहाल : अच्छे समय में अपने बूरे समय को याद रखना

दूर दबक : डाँट डपट, धिक्कार

दूर दस्त : बहुत दूर

दूँरवी : दूरदर्शी

(दे)

देग दान : चूल्हा

देगशो : बावरची का मुलाजिम

देज : खच्चर गधा

देरपा : टिकाऊ मज़बूत

देरयाज : प्राचीन काल

देरान : विलम्ब शुल्क

देराश्ना : कहर काम देर में करने की आदि

दरीनसाल : बहुत बूढ़ा

देवः : रेशम का कीड़ा

(दै)

दैजूर : अँधेरी रात, अमावस्या

दैदान : आदत, लत

दैन : कर्ज

दैयान : ईश्वर

दैर खराबात : मधु शाला शराब

दैर मुकाफात : संसार दुनिया

दैहीम : राज मुकुट, ताज

(दो)

दोख्तःलव : जिसके हांट सिले हो मौन

दोख्त : सिलाई

दोग : छाछ, रायता

दोल : कुएँ से पानी निकालने का बरतन

दोश : कंधा, गुजरी हुई रात

दोशीजगी : अल्हड़पन

दो शीनः : काल रात का

दो सिन्द : चिपकने वाला

दोस्त दार : सच्चा दोस्त

(दौ)

दौ : दौड़ भाग

दौख : चक्कर, सरदर्द

दौमस : लोहे की टोपी

दौलत मदार : वह स्थान या व्यक्तित्व जिस पर धन का आश्रय हो

दौलते खुदादाद : ईश्वर का दिया हुआ धन

दौलते रव्वावीद : बदनसीव

दौलते बेदार : खुश नसीबी

दौलाब : रहट जिससे कुए से पानी निकालते है

दौहः : वृक्षः पेड़

(ऩ)

नंग : लज्जा, शर्म

नगे अज्दाद : जो व्यक्ति अपने कार्य से अपने बाप दादा का नाम का वट्ठा लगाता हो

नगे खलाइक़ : जो व्यक्ति अपने कार्य से लज्जा का कारण हो

नअीक : कौवे की आवाज काँव काँव

नअीम : स्वर्ग, विहिश्तः

नकब : अचानक विपत्ति अजाना

नकर : अनजानपन

नकस : औधा करना

नकावत : पवित्रता, निर्मलता

नकाहत : बीमार के बाद की कमजोरी

नकीज़ : वैर, शत्रुता

नकीब : चोबदार

नकूहन्द : निंदा करने वाला

नक्काद : पारखी

नक्काश : चित्रकार

नक्जे अम्न : शांति भंग करना

नक्देजान : सोने चांदी का सिक्का

नक्बजन : सेंघ लगाने वाला

नक्वत : दरिद्रता, निर्धनता कंगाली

नक्ले वतन : अपने देश छोड़कर दूसरे देश में रहना

नक्शअे हदोवस्त : खेतो की नापतोल

नक्श वदी : चित्रकारी

नक्श बरआब : पानी पर बनाया चित्र अर्था असंभव नश्वर

नक्शे गुजारिश : बयान योग्य

नक्शे दिल : विश्वास, यकीन

नक्शे पा : नक्शे कदम

नख़ : रेशम की डोर पतंग उठाने की डोर

नख्खास : घोड़ो और मवेशी के बाजार जहां उनका खरीदा और बेचा जाता है

नखचीर गाह : शिकार का स्थान

नख़ल : खजूर का बाग और पेड़

नख़ल वंदी : माली बागवान

नग्म सराई : गाना अलापना

नंजंद : अधम नीच, गुस्से से भरा हुआ

नज़म : कुहरा

नजफ़ : कुए का सारा पानी खीचना

नजरे सानी : किसी विषय पर पुनः विचार करना

नजश : दलाल

नजाफ़त : पवित्रतता, निर्मलता

नजाबत : कुलीन, शराफत

ऩजार : कमजोर दुर्बल

नजारत : बढ़ई का काम

नज़ारत : हराभरा पन ताजगी

नजारल : निगरानी

नजाह : वंधन मुक्ति

नजीद : बाहदुर, वीर

नज्वा : काना फूसी

नतश : कॉटा निकालना

नतीन : बदबूदार

नदाबत : नमी

नदामत : लज़्जा, लाज

नदीफ़ : धुनी हुई रूई

नदीर : वह वस्तु जो कही नहीं पाई जाये

नद्दाफ़ी : रूई धुनने वाला

नद्ध : सभा स्थान

नफ़क़ : बीवी बच्चों का रोटी कपड़ा

नफ़र : नौकर दास

नफस शुमारी : आखिरी साँसें गिनना

नफाअते तबुअ : स्वभाव की स्वच्छता

नफीर : सोने के समय निकलनेवाली आवाज

नफूख : हुलास, सुँघनी

नफूर : नफरत करने वाला

नफ्जे अम्मार : वह मानसिक शक्ति जो बूरे कामों की ओर ले जाती है

नफसे गुतमइन्नः : वह मनोवृति जो संतोष पैदा करे

नबर्द्गाह : मैदाने जंग

नबात : जमीन से उड़ाने वाली चीजें

नवात : मिश्री खण्ड शर्करा

नबालत : बुजुर्गी, सुशीलता

नवीर : पौत्र

नब्बाश : कफन चोर

नमक रव्वार : नमक हलाह

नमीक : पत्र चिट्ठी

नमीदन : ध्यान आकर्षित करना

नमीम : चुगल खोरी

नमश : ताजा मक्खन

नयनबाज : वासुरी बजाने वाला

नर्द : चौसर की गोट

नर्मरौ : सुस्त चलने वाला

नवन्द : तेज रफ्तार घोड़ा

नवाखान : कारागार

नवाख्तः : सम्मानित

नवारीदन : नीचे ले जाना, उतारना

नवाल : उपकार एहसान

नवालीदन : चिल्लाना रोना

नवी : नया, आधुनिक

नवेद : शुभ सूचना दावतनामा

नवेदे मक्दम : किसी महान व्यक्ति के आने की सूचना

नशक़ : वास सूंघना

नशव : धारदार हथियार

नशातेकार : काम करने की उमंग

नशीद : गान नग्म

नसीवे खुफ्तः : दुर्भाग्यता, वद किस्मत

नसीम : मृदुल मंद समीर

नसूह : किसी बुरी बात के त्याग की दृढ़ प्रतिज्ञा

नसूर : सहायता, मदद

नसूर निगारी : गद्य रचना

नहाफत : दुवलापन

नहारगाह : सबेरे का समय

नहीदः : चिंतित, दुखी

नहीम : लालची

नहमः : उपहार

नहूसौ : मनहूस सूरत वाला

(ना, नाँ)

नाअर्देश : न सोचने वाला

ना अहियत : अयोग्यता

ना आगांह : अनजान अनाड़ी

नाअी : मौत की खबर देने वाला

नाईदन : गर्व करना डींग मारना

नाकद खुदाई : कुंवार पन

नाकर्दः जुर्म : जिसने गुनाह नहीं किया हो

नाकसी : लोफर पन

ना कविले इतिंक़ाल : वह सम्पत्ति जो दूसरे को न दी जा सके

ना काविले इतिं खाब : जो चुनाव के योग्य न हो

ना काविले इसिदादः : जो रोका ना जा सके

ना काविले इख्तिलाफ : जिससे मतभेदना किया जा सके

ना काविले इखफा : जो छिपाया ना जा सके

ना काविले इन्फिसाल : जिसका फैसला ना हो सके

ना काविले इल्फ़ित : जिसकी और तबज्जुहन की जा सके

ना काविले ईफा : प्रतिज्ञा जो पूरी न हो सके

ना काविले जाबाज़ : जो जाइज़ न हो सके

ना कविले तआरूज : जिससे पूछताछ न की जा सके

ना कविले तकर्रूर : जिसकी नियुक्ति ही हो सके

ना कविले तक्जीब : जिसे झुटलाया ना जा सके

ना कविले तगैपुर : जिसमें परिवर्तन नहीं किया जा सके

ना कविले तरह हुम : जिस पर रहम न किया जा सके

ना कवितले तर्दीद : जिसका खंडन न हो सके

ना कविले तरारीह : जिसकी व्याख्या ना हो सके

ना अविले तस्लीम : जिसे माना न जा सके

ना काविले निगारिश : लिखने योग्य न हो

ना कविले परिस्थितश : जो पूजने योग्य न हो

ना क़विले फरामोश : भुलाया ना जा सके

ना क़विले मलामत : जिसकी निंदान की जा सके

ना क़विले मुआलजः : उसाध्य

ना क़विले मुसालहत : संधी न हो सके

ना क़ाविले वक़अत : जिसकी कोई प्रतिष्ठा नहीं

ना क़विले शिफ़ा : वह रोगी जो ठीक न हो सके

ना क़विले सताइश : जिसकी प्रशंसा ना हो सके

ना क़विले समाअत : जो बात सुनने योग्य न हो

नाक़िद : अलोचक समालोचक

नाकिस : अपूर्ण नाममुक्मल

नाक़िब सुलक्ल : मंद बुदि्ध

ना किसुल खिल्क़त : विकलाँग

नाकीर : दाना चुगने वाला

नाकेह : व्याह करने वाला

नाख़लफ : कपूत

नाखिस : झूरिया वाला स्त्री

ना ख्वही : असहमत होना

नागहानी : आकस्मिक

ना गुफ्तगी : न कहने योग्य

नाचाकी : मनुमुटाव, बीमारी रोग

नाज़नी : मुदुल, कोमल

नाजिन्द : नाज करने वाला

नाजिर : देखने वाला

नाज़िल : मुसीबत

नाज़ूर : देख रेख करने वाला निगहवान

नज़िव : बुरी बात, अनुचित

नात मामी : अधूरापन, अपूर्ण

नात र्बियत याफ्त : जिसे सभ्यता की शिक्षा न हो

नातिस : जासूस

नातूबानी : शक्ति हीनता, कमजोर

नादार : कंगाल मुफलिसी

नादिम : पछताने वाला लज्जित

नादिर : अजीवों गरीब अदभुत

नादिहंद : रूपया लेकर नहीं लौटाने वाला

नानकोर : नमक हराम, विश्वास घाती

नापाइदार : जो मजबूत न हो

नापैद : गाइब लुप्त

नाफ़ जमि : जिसके काम का परिणाम अच्छा न हो

नाफे हफ्त : मंगलवार

नाबः : शुद्ध, निर्मल

नाव : दाँत

नावहरः : कर्महीन, अभागा

नावादर : सौतेला भाई

नवीना : अंधा

नामः : चिट्ठी खत

नाम निगार : संवाददाता

नामीदन : नाम रखना

नामुराद : बदनसीव

नामुसिय : मच्छरदानी

नामे हवॉ : वेरहम, दयाहीन

ना मौजूँ : अनुचित अश्लील

नारजील : नारियल, खोपरा, गिरी

नारद : कंजूस

नारवा : जो उचित न हो नामुवारिस

नारस : वह फल जो पका न हो

नारास्त : खोटा आदमी धुर्त

नारास्ती : वक्रता टेड़ापन

नारे जहन्नम : नरक की आग

नालः : चीख कोलाहल

नालःकश : फर्याद करने वाला

नालाँ : रोता चिल्लाता हुआ

नावक अंदाज़ : तीर चलाने वाला

नावनोश : पीना पिलाना

नावर्द : युद्ध, लड़ाई जंग

नाशनास : अपरिचित

ना शइस्त : अनुचित, नामुना सिब

नाशइस्तगी : अश्लीलता वद तहजीवी

नाशाद : अपसन्न जो खुश ना हो

नाशिक : कर्जदार

नाशिक : वह व्यक्ति जो किसी काम में फंस जाये

नाशि केबा : आतुर व्याकुल

नाशिरात : आँधियाँ

नाशी : उत्पन्न होने वाला

नाशुदनी : असंभव अशक्य

नासज़ा : अनुचित, अश्लील

नासबाव : जो सत्य नहीं अशुद्ध

नासिक : ईश्वर की आराधना करने वाला

नासिख : लिखने वाला, लिपिक

नासिज : जुलाहा

नासिपास : नाशुक्रा नमक हराम

नासिय : माथा लिलाट

नासिर : सहायक मददगार

नासी : भूल जाने वाला

ना सुफ्तः : अनविधा (मोती)

नासूत : हमारा संस्सार

नासेह : नसीहत करने वाला

नाहक शनासी : खुदा को न मानने वाला

नाहमवार : जो समतल न हो

नाहिक़ : गधा

नाहिद : नौजवान लड़की

नाहिफ़ाज : वेशर्म, निर्ल्लज

नाहिव : डाकू

ऩाहिल : प्यासा

नाही : इरादा करने वाला

(नि)

निअम : नेमते अच्छी अच्छी चीजें

निआल : घोड़े की नाल

निकात : गूढ़

निकाव कुशाई : अनावरण पर्दा उठाने का उत्सव

निकाबत : तकलीफ पहुंचाना

निक़ावत : तारीफ करना

निकार : द्वेष वैर

निकाहे सानी : पुर्न विवाह

निकोई : सुन्दरता, हुस्न

निकोकार : अच्छे आचरण वाला

निकोनाम : नामवर उत्तम यश

निकोहिश : निंदा, बुराई

निक़ुमत : कष्ट पीड़ा

निक़ल : कैदी की बेड़ी

निख्वुत : अभिमान, अंहकार

निगाएँ : जांच पड़ताल करने वाला

निगह बान : देखरेख करने वाला

निगार : मूर्ति, प्रतिमा

निगार ख़ान : तस्वीर घर

निगरिंद : चित्र बनाने वाला

निगारिस्तान : जहां बहुत सी तस्वीर हो

निगाश्तानी : चित्र बनाने योग्य

निगाहे क़ह : क्रोध की दृष्टि

निग़ाहे तअम्भक : गहरी नज़र

निगाहे मेह : कृपा दृष्टि

निग़ू : औंधा उल्टा

निग़ं वख्त : औंधी किस्मत वाला

निग़ं हिम्मत : पस्त हिम्मत

निज़ाअ : दंगा फ़साद

निजाफ़ : चौखट, अलिम विद्वान

निजामत : प्रवन्ध करना

नितास : प्रजल खुश

निदा : बुलान पुकारना

निदा अेगैव : आकाशवाणी

निफ़ाक : फूट एकता ना होना

निफाके वाहमी : आपस की फूट

निफ़तः : छाला फफोला

निफ़्त : मिट्टी का तेल, बारूद

निफ्त अंदाज : वारूदी हथियार

निफ्टी : धिक्कार लानत

निया : इज्जत, दादा, नाना
नियारिश : प्रशंसा, तारीफ
नियाजमंद : आज्ञाकारी, तारवेदार
नियाज मंदी : आज्ञाकारित मैत्री दोस्ती
नियाबत : प्रति निधित्व एजेंटी
नियोश : सुनने वाला
निविश्त : लिखित
निश्स्तगाह : बैठने का स्थान
निशाख़्तन : विश्वास करना
निशाद : कसम दिलाना
निसा : औरते, स्त्रीयां
निसाफ : सेवा करना, खिदमत करना
निस्फ : अर्ध, आधा
निस्बत : सम्बन्ध लगाव
निसयान : भूत, विस्मृति
निसवत : नारियों औरते
निहुल : शहद की मक्खी
निहाँ : गुप्त छिपा हुआ
निहाँ खान : तहखाना
निहादनी : रखने योग्य
निहारीदन : घुटना डरना
निहाली : विस्तर
निहुफतः : गुप्त, छिपाहुआ
निहेन : भय, त्रास, डर
(नी)
नीवस्त : छप्पर
नीमः : ऊँचा पजामा

नीमआस्ती : एक प्रकार का कुर्ता जिसकी अस्तीन छोटी होती है

नीमकुश : अध मुआ

नीम खुर्द : आधा खाया हुआ जूठन

नीम ख्वाव : कच्ची नींद में जागा हुआ

नीमच : छोटी तलवार

नीमजाँ : आधा मरा हुआ

नीम जोश : आधी उवली हुई, चीज़

नीम दस्त : छोटी मसनद

नीम निगाह कनखियों से देखना

नीम पुख्त : आधा पका हुआ

नीम मस्त : जिसको मस्ती में भी होश भी हो

नीम रिज़ा : आधी रजामंदी

नीमवा : आधार खुला आधा बंद

नीम शगुफ्त : फूली जो आधा खिला हो

नीम सेर : जिसका आधा भरा पेट

नीम सोख्त : आधा जला हुआ

नीयत : संकल्प इरादा

नीयतेवद : बुरा आशय

नीरू : शक्ति, बल जोर

नीलगर : नील बनाने वाला

नीलवर : कमल

नीलोफ़ाम : नीले रंग का आकाश

नीवश : कान मेंडाली बात

नीवाद : पहलवानी वीरता

नीव शीदन : सुनने योग्य

नीव : रोना

(नु)

नुआस : ऊँघना

नुअूमत : ताजगी कोमलता

नुकूल : कायरता

नुकूश : चित्र रेखाऐ

नुकूस : पीछे लौटना

नुक्त : रहस्य, मर्म

नुक्त नवाज़ : जरासी बात से खुश हो जाना

नुक्ताअे मुकाविल : प्रतिद्वन्दी

नुकत्अै सुवैदा : वह काला तिल जो हृदय पर हो

नुक्र : रजत चाँदी

नुक्ल फरोश : गज़क बेचने वाला

नुकसान अजीम : बहुत बड़ी हानि

नुक्साने माय : माली नुकसान

नजुहत गाह : सैर करने की जगह खेल का मैदान

नजुहते ख़तिर : चित की प्रसन्नता

नख़अः : रीड़ की हड्डी

नुख़ाल : भूसी

नुख़ुस्त : पहला, प्रथम

नुज़ज : फल या जख्म का पकना

नुजूम : ज्योतिष

नुज़लै इज्लाल : किसी महान व्यक्ति का आना

नज़ूलेमा : मोतियाबिंद

नुज़्ल : मेहमानदारी

नजूहत : उत्मता पवित्रता

नुदॅवः : मृतक के लिये रोना

नुफाज़ : सड़ी हुई वस्तु

नुमाइदे खुसूसी : विशेष कार्य के लिये किसी खास व्यक्ति को लजाना

नुमायाँ : व्यक्त जाहिर

नुमू : उगना, बढना

नमूदन : देखना

नमूदार : नायक सरदार

नमरूक : छोटा तकिया

नुवेद : शुभ सूचना

नुसरत : सहायता, मदद

नुहाक : गधे का रेंकना

नुहाल : गेहूं आदि की भूसी

नुहास : ताम्र ताँवा

नुहासे असफर : पीतल

नुहुसत : वद किस्मती, अमंगल

नुहबत : भूष्माह गारतगरी

(नू)

नूवी : मधु मख्खी

नूर अफ्जा : रोशनी बढ़ाने वाला

नूरन्द : अनुवाद

नूर पाश : प्रकाश फैलाने वाला

नूरबख्श : प्रकाश देने वाला

नूर वाफ़ : कपड़ा बुनने वाला

नूरी : एक प्रकार का तोता, खूवानी

नूरूल अैन : आँख की रोशनी, लड़के लिए भी बोलते है

नूरेचशम : आँख की रोशनी, लड़का

नूरेमाह : चांदनी रोशनी

नूरे मुजस्सम : उपर से पैर तक नूर ही नूर

नूरे शम्स : सूरज प्रकाश

नूरे सहर : प्रातकाल का उजाला

नूश गया : एक प्रकार की एक विषनाश शक बूटी

(ने)

नेमत : ईश्वर की दी हुई धन दौलत व अन्य चीजें रहती हो

नेमत ख़ान : यह मकान जहां खाने की चीज रहती हो

नमते गैर मुतरक्किवः : बहुत अधिक नैमत

नेकः अंदेश : भलाई सोचने वाला

नेक अंमाली : सदाचार अच्छा आचरण

नैक अख़्तर : जिसके ग्रह अच्छे हो

नेक अख्लाक : मिलनसार स्वभाव

नेक अमल : जिसका अचरण अच्छा हो

नेक ख़स्लत : जिसका स्वभाव अच्छा हो

नेकखू : जिसका स्वभाव अच्छा हो

नेकख़ूई : स्वभाव की पवित्रता

नेक गुफ्तार : अच्छी बाते करने वाला

नेक गुमान : जिसकी विचारधारा शुद्ध हो

नेकतरीन : सबसे अधिक नेक

नेक तीनती : अच्छी आदत

नेक नफ्सी : आत्म शुद्धी

नेक निहाद : पावन चरित

नेक फर्जाभ : पुण्यात्मा नेक अंजाम

नेक फ़ाल : जिसका चर्च मंगकारी हो

नेक बख़्त : सीधा सादा भोला भाला

नेकवी : केवल अच्छाई देखने वाला

नेक मंजर : जो देखने में अच्छा लगे

नेक मानिश : भला आदमी

नेक शिआर : जिसका व्यवहार नेक हो

नेक सिफात : जिसमें अच्छे अच्छे गुण हो

ने कूई : अच्छाई भलाई

नेकूकार : सदाचार

नेशज़न : डंक मारने वालना व्यक्ति

नेश दुभ : बिन्छू

नेस्त : ध्वस्त नष्ट

नेस्ती : कंगाली

नेस्तांनाबूद : विलकुल बरवाद हो गया हो

(नै)

नै : वंसी

नै रगे आलम : दुनिया का उलट फेर

नै दुला : डर की एक बीमारी

नैरंग : छल, धोखा

नैरगबाजी : जादूगरी छल मक्कारे

नैरगिओ जमानः : कालचक्र

नौ रंजिम हुस्न : सौंदर्य का माया जाल

नौरगी ए ख्याल : चमन की बाहार में

नैरंज : धोखा जादू

नौशकर : गन ईख

(नो)

नो आवाद कार : नया वसने वाला

नोज़ : वबण्डर, बखेड़ा

नोजब : वाढ़

नोपान : टोकरा

नोव : निकटना

नोमान : नींद का नाता

नोश : शराब पीने वाला

नोश जान : खाना पीना

नोश दारू : जहर उतारने वाली दवा

नोशा दुरः : नौसादर

नोशाब : अमृत

नोशानाश : खूब पीना, बार बार पीना

नो शिंद : पीने वाला

नौशीं : स्वादिष्ट

नौशजा : पीना

(नौ)

नौ : नवीन, नूतन

नौ अरूस : नव विवाहित

नौ अईन : शोभनीय

नौ आबाद : नया बसाया गया इलाका

नौ आमोज : नौ सिखिया

नौ अीयत : विशेषता

नौअे इंसानी : मानव जाती

नौअे दिगर : अस्त व्यस्त

नौ कर्दकार : जिसने कोई काम नया किया हो

नोखत : जिसके दाढ़ी मूछ अभी आई हो

नोखास्त : अनुभव हीन

नौ खेज : नया उगा हुआ

नौ गिरिफ्तार : जो नया नया फँसा हो

नोच : नव युवती

नौ जाईद : नवजात

नौ नियाज : जिसने अभी लिखना पढ़ना चालू किया हो

नौ निहाले चमन : बाग के नये नये पौधे

नौनीन : नया संविधान

नौ फल : दाता दानी

नौवत गाह : कैदखाना

नौ वनौ : नया नया ताज

नौ वर्ग : नया पत्ता

नौ वर्द : नया खरीदा हुआ दास

नौभ : सोना स्वप्न

नौ मशक : नौ सिखिया

नौ मुस्लिम : नया नया मुसलमान

नौर : चूना जिससे पुताई होती है

नौरस : नया पका हुआ फल

नौरो जी : साले में पहले दिन काज जश्न

नौवारिद : मुसाफिर

नौह : मृतक के लिये रोना पीटना

नौहए गम : मुर्दे का मातम

(प्र)

पंजः : उंगलीयों समेत हथेली

पंज कश : पाजा लड़ाने वाला

पंज अैव शरीअी : पांच मुख्य अवगुण

पंजगूनः : पांच गुना, पांच प्रकार का

पंज़ गोश : पांच कोने वाला

पाजपा : पांच पाॅव वाला केकड़ा

पंजर : हर वो चीज जो जालीदार हो मकान की जाली

पंजलक : सरदारों के पाँच चिन्ह जो चालू होते है

पंजहिस : पांच इन्द्रिया

पेजाह : पचाल

पंद : अच्छी बात का ज्ञान जैसे हितों पर्देश निकाह शिक्षा सीख आदि

पंदआमोज़ : नसीहत सिखाने वाला

पंदगर : उपदेश देने वाला

पंदनामः : उपदेशों की पुस्तक

पंदोनः सीहत : नसीहत की बात

पवअे जख्म : घाव पर रखने की रूई

पंवअे मीना : शराब की शीशी पर लगी हुई ढाट

पख्त : विनौला निकली हुई रूई

पख्मान : उदास, गमगीन

पख्लूच : गुदगुदी

पख्स : पिघला हुआ, द्रवित

प्गाह : प्रातःकाल सवेरा

प्चवाक : अनुवाद तर्जुमो

पज़ : पीप, मवाद ईंटें पकाने वाला

पज़ मुर्द : खिन्न मालिन उदास

प्जीर : स्वीकार करने वाला

प्जीराई : स्वीकृति, अंगीकृत

प्जोलीद : परेशान किया हुआ

फजोह : ढूंढने वाला

फजोहीद : खौजा हुआ दूढा हुआ

पज़ूमान : दुखी उदास

प्जूवी : कमीनः तुछहीन

प्तंग : खिड़की रोशनदान

पंतयार : आपत्ति, वला

प्द : पेड़ जिसमें फल न लगते हो

पद रख्त : दुःखित रंजीदा

पनाह वखुदा : ईश्वर बचाये

पनाहे बेकसाँ : वे सहारा लोगों की रक्षा करने वाला

पय : पॉव का निशान

पयदर पय : बार-बार लगातार

पयाद : पैदल चलने वाला, सिपाही

पयादः निजाम : सैनिक फौजी

पायदया : पैदल चलने वाला

पायव : उथला पानी

पायम वर : संदेश वाहक

परः : कतार, तिनका, छोर

पर अफ्गंदगी : पर झड़ जाना, विवशता, लाचारी

परकाज : चित्रकार की कूँची

परापशाँ : संसारिक सुखों का त्याग करने वाला

पररेख्त : जो उड़ ना सके, विवश असमर्थ

परवानअे राहदारी : पासपोर्ट

पर शिकस्त : जिसके पर टूट गये हो, लाचार

पर सौख्त : जिसके पर जल गये हो

परस्त : पूजने वाला

परिस्तिश : पूजा, आराधना

परस्तीदनी : पूजने योग्य

पसगंद : अस्त व्यस्त

परागंदः खातिर : जिसका मन ठिकाने न हो

पराज़द : लोई, गुधे आटे का पेड़ा

परानीदः : उड़ाया हुआ

पराशीदन : परेशान होना

परीअंदाम : परियो जैसे सुन्दर

परीकामत : परियो जैसा आकार

परीख्वाँ : जादूगर

परीचम : परियो जैसी चाल

परी जमाल : परियो जैसा सौन्दर्य

परी जाद : परियो की औलाद

परिति मसाल : परियो जैसी सूरतवाला

परी फ़ाम : परियों जैसे गेरे रंगवाला या वाली

परीरू : परियो शक्त सूरत वाला वाली

परीशा गोई : वकवास, मिथ्यावाद

परी शॉरू : जिसका मुंह, उतरा हुआ हो

परीशानुकुन : परिशान करने वाला

परी सीरत : परियो स्वभाव वाली, वाला

पअफ्र्गन्दन : निर्वल होना

प्रकालअे आतश : आग की चिनगारी, और चालाक व्यक्ति

पश्र्वाश : वैर, शत्रुता

पर्चम कुशाई : झण्डा लहराना

पर्तावी : तीर चलाने वाला

पर्दपोशी : दोषी, अपराधी को क्षमा करनेवाला

पर्दःसरा : जनान रवाना

पर्दअे अिस्मत : सतीत्व

पर्दअे गौश : कान की झिल्ली

पर्दअे चश्म : आंख की झिल्ली

पर्दअे जबूरी : खिड़कियों वाला घर

पर्दअे दर : दरवाजे पर पड़ा हुआ पर्दा

पर्दाख़्त : संवारा हुआ

पर्नो : एक चित्रत रेशमी कपड़ा

पर्मक : ऊंगली

परः : फौज की पंक्ति

पर्वा : चिंता फिक्र भय, डर

पर्वानए राहदारी : पासपोर्ट

पर्वेज : सम्मानित

पर्वेजन : छलनी, आटा आदि छानने का यंत्र

पस्ररुम : पलोधंन

पलंग : तेंदुआ

पलः : ढाक का पेड़

पलश्त : मालिन मैला

पशेमान : लज्जित शर्मिंदा, संकोच

पश्माक : अश्व, घोड़ा

पश्शखान : मच्छर दानी

पसंदीद औसाफ : उत्तम गुणवाला व्यक्ति

पसकूच : गली के अन्दर गली बहुत पतली गली

पसपाई : युद्ध में पीछे हटना

पस माँ दगां : सफर में पीछे रहजाना

पस माँ दगी : दीनता लाचारी

पसरौ : अनुकरण करने वाला

पस्त्री : अंतिम आखिरी

पसेपुश्त : पीठ पीछे, परोक्ष

पस्तकद : वौना, ठिगना

पस्त अंदेश : मंद बुद्धि, तंग ख्याल

पस्तक : अधिक कमीना

पस्त फ़ितरत : तुच्छ पुकृति, कमीना, खबीस

पस्तो वलंद : ऊँचा नीचा, दुख सुख

पह : वाह धन्य

पह चश्मी : निर्लज्जता, वेहयाई

पहू : पसली, वाहना

पहुतिही : उपेक्षा, वचना अलग रहना
पहुँनशीनी : पास बैठना

(पा)

पा : पद, चरण
पाअंदाज : दरवाजे पर पैर पोछने का कपड़ा
पाअफ्राज : जूता
पाअफ्शार : खड़ाऊँ
पाइंदवाद : हमेशा रहने वाला, अमर
पाईपरस्ती : दासता खिदमतगारी
पाई बाग : वह बाग जो मकान से मिला हो
पाईदनी : ठहरने योग्य
पाईन : आखिरी, निचला
पाये काश्त : वह कृषक जो किसी अन्य गांव की जमीन जोतते हो।
पाये कुलाग : टेड़ी मेड़ी लिखावट
पाये गाह : अश्वशाला, किसी बड़े रईस की डयोढ़ी
पाये तख्त : राजधानी
पाये तसार्न : मदिरा का प्याला
पाअेदार : दृढ़ मजबूत, मुस्तकिल
पाएवंद : पाबंद
पाअे माल : पद दलित
पाए रंज : अतिथि को विदा के समय दिया हुआ पुरस्कार
पाक बीनी : केवल अच्छाई देखना
पाक सिरिश्त : शुद्ध आत्मा
पाकार : खिदमती, मेहतर, भंगी
पाकीजः खू : स्वच्छ प्रकृतिवाला
पाकीजः गौहर : अच्छे वंश वाला

पाकीज: तीनत : पुनीतात्मा

पाकीड़ा शिआर : अच्छे आचरण वाला

पाकोव : नाचने वाला या वाली

पागुंद : धुनी हुई रूई का गाला

पागोश : गोता डुबकी

पादाशे अमल : कर्मफल: पाप की सजा

पायोश : जूता

पाव: गिल : दल, दल में फंसा हुआ

पाव: जूलाँ : कैदी, बंदी

पाबरजा : डटा हुआ, साबित कदम

पावस्त: : पॉव बंधा हुआ, गिरफ्तार

पाबोस : पॉव चूमने वाला

पामर्द : साहसी, उत्साही, वीर

पामाल : पद दलित

पाप शनास : कद्र पहचानने वाला

पायान : छोर, सिरा, पराकष्ठा इन्तह

पायाबी : उथलापन, कम गहराई

पार दोजी : पैंवद सीना थिगली लगाना

पार: पार: : टुकड़े, टुकड़े

पारअेनाँ : रोटी का टुकड़ा

पारगान : तराजू का पासंग़ खिड़की

पारगी : पुराना पन

पारिकावी : बहुत थोड़ी मात्रा

पार्च परोश : कपड़ा बेचने वाला

पार्स: : भिखारी

पालाइश : सफाई मार्जन

पालानी : वह घोड़ा जिसके बोझ ढोने का काम लिया जावे

पालिगान : कोठा, खिड़की

पाश : छिड़कने वाला, जैसे गुलाब पाश

पाश पाश : चूर, चूर

पा शिकस्त : जो चलने फिरने में असमर्थ हो

पाशीदनी : छिड़कने योग्य

पाश्नः : एड़ी

पासदार : मददगार, सहायक

पासवानी : निगरानी

पासब्ज : एजेंट, दलाल

पासीदन : सुरक्षा करना

पासे आबरू : प्रतिष्ठा का ख्याल

पासे खातिर : किसी का भय रखना

पास्तान : पुराना प्राचीन

(पि)

पिंदार : ध्यान ख्याल, अभिमान

पिंदाश्तनी : सोचने योग्य, जानने योग्य

पिजिश्क : उपचारक डाक्टर

पिजारां : स्वीकार करना, कबूल करना

पिजोलीद : सताया हुआ परेशान

पिदर : जनक वाप

पिऩाहाँ : गुप्त छिपा हुआ

पिरेश : परेशान होने वाला

पिल्लगाँ : लकड़ी की सीढ़ी

पिशेज़ : सबसे छोटा सिक्का

पिसिदर : सौतेला लड़का

पिसरजाद : पोता

(पी)

पीनः दोजी ः पैवंद लगाना

पीनू ः सुखाया धुआ दही (जिसका पानीनिकाल दिया है)

पीरज़न ः बूढ़ी स्त्री

पीरसाल ः वयोवृद्ध, बूढ़ा, बढ़ी

पीरानःसाली ः बुढ़ापा, वृद्धावस्था

पीरे ख़राबात ः मदिरालय का बूढ़ा प्रबंधक

पीरे फ़र्तत ः वह व्यक्ति जिसकी बूढ़ापे के मारे बुद्धि नष्ट हो गयी हो

पीरे हरम ः कावे की सेवा करने वाला बूढ़ा

पील ः रेशम का कीड़ा

पीलःवर ः अत्तारः रेशम का व्यापारी

पीलतन ः हाथी जैसे डील डौल वाला रूस्तम

पीलनशी ः जिसके द्वार पर हाथी झूमता हो

पीलमाल ः हाथी के पॉव के नीचे मसलवाना

पीलस्तः ः हाथी दाँत

पीले दमाँ ः गुस्से में और चिंघड़ता हुआ हाथी

पीहः ः चर्बी, बसा

पीहे खूक ः सुअर की चर्वी

पीहे, मार ः साँप की चर्वी

पीहे बुज ः बकरीकी चर्वी

(पु)

पुंवःदान ः कपास की बीज

पुख्तः अक्ल ः जिसकी बुद्धि परिपक्व हो

पुख्त मिज़ाज ः स्थिरचित, दृढ़ निश्चय

पुख्त ः खाना पकाने का कार्य

पुख्तगी ः पक्कापन

पुजू ः वर्फ जो आकाश से गिरे

पुज़ूहान : चाहत, लालसा

पुत्क : लोहो कूटने का हथौड़ा

पुफ : फूँक मारना

पुर अंदोह : मुसीबत से भरा हुआ, दुख पूर्ण

पुर अम्न : शान्ति मय

पुर आब : आंसूओं और आपत्तियों भरा

पुर आशोब : घटनाओं और आपत्तियों से भरा हुआ

पुरकार : चालाक, चतुर

पुरकी : जिसके मन में शत्रुता हो

पुर ख़तर : आपत्तियों से भरा हुआ

पुर खम : टेढ़ा:, तिरछा, धुँधरवाला

पुर खार : काटों से भरा हुआ

पुर खुमार : नशे में चूर

पुर गो : बातूनी

पुर गोई : बकवास

पुर ज़र : धन सम्पन्न

पुर दग़ां : धुर्त चालाक

पुर पेच : बेलदार, टेड़ा मेढ़ा

पुरफ़न : छली, मक्कार

पुर फिज़ा : खुला हुआ, हवादार

पुरबाद : अभिमानी

पुर बास : खेद पूर्ण, शोक पूर्ण

पुर मग्ज : सारगर्भ, तत्वपूर्ण

पुर मिज़ाह : ठिठोलिया हंसी की बात

पुर मिंहन : मुसीबतों से भरा हुआ

पुर शिकम : जिसका पेट भरा हो

पुर शिकोह : भयानक, डरावना

पुर शुकोह : वैभवशाली, शानों शौकत वाला

पुर शौकत : वैभवशाली, शानदार

पुर सोज़ : जलन और तपन से भरा हुआ

पुर ह़स्रत : नाउमे दी, निराशा से भरा हुआ

पुर हील: : वहाना करने वाला

पुर हैबत : डरावना भयानक

पुर हौल : भयंकर, डरावना

पुरीद: : भरा हुआ परिपूर्ण

पुलुफ्त: : चिनगारी

पुश्क : मेंगनी

पुश्तक : घोड़े की दुल्ती

पुश्तखम : कुवड़ा

पुश्त गर्मी : सहता मदद हिमायत

पुश्त वदीवार : चकित हैरान

पुश्त माही : रात्रि रात, निशा

पुश्ती : साहयता मदद

पुश्ती बानी : साहयता मदद

पुश्ते दस्त : हथेली का पिछला भाग

पुश्ते पा : तलवे का ऊपरी भाग

पुस : पुत्र, आत्मज, लड़का

(पे)

पेचोताब : क्रोध, गुस्सा

पेज़न : छलनी

पेश अंदाज : खाना खाते में घुटने पर डाला जाने वाला कपड़ा

पेश कदमी : सैना का आक्रमण के लिये आगे बढ़ना

पेश खान: : घर गृहस्थी का सामान

पेश खेज़ ः तेज और फुर्तिला नौकर

पेश खैंम ः किसी काम के लिये पहले से आगे से पड़ाव लगा देना

पेश गाह ः वह फर्श जो बादशाह के आगे बिछाया जाता है

पेश गीर ः मुंह पौंछने का रूमाल

पेश तरक ः बहुत पहले

पेश दंदाँ ः सवेरे का जलपान, नाश्ता

पेश दस्ती ः पेशकारी साहयता छेड़खानी करना

पेश दामनः ः सेवक, नौकर

पेश नशीं ः सभा में सबसे आगे बिठाया जाये

पेश बंदी ः साजिश, षडयंत्र

पेशवीं ः दूर अंदेश, आगे की बात सोचने वाला

पेश रस ः वह फल जो पेड पर सबसे पहले पके

पेशवा ः अगुआ नेता

पेशामद ः दया, रिआयत, छूट

पेशीनाँ ः पहले वाले लोग पूर्वज

पेस ः सफेद कोढ़

(पै)

पै ः पॉव का निशान

पैक ः दूत पत्रवाहक

पैकर ः देह, शरीर, शक्ल

पैकार ः लड़ाई जंग

पैके निगाह ः दृष्टि की दूत

पैग़लः ः खजाना

पैगाम रसी ः संदेश पहुंचाना

पैगार ः डाँट फटकार

पैगाल ः मदिरा, प्याला

पैज़ार : जूता

पैदर पै : बार-बार

पैमाँ गुसिल : प्रतिज्ञा भंग करने वाला

पैमाँ शिकनी : वादे से फिर जाना

पैमाई : नापना

पैमानः वकफ : हाथ में मदिरा पूर्ण गिलास लिये

पैमानः शिकन : मद्य निषेधक

पैमूद : नापा हुआ

पैमूदनी : नापने योग्य

पैरहन : पहने का कुर्ता, कमीज

पैराइंद : सजाने वाला

पैराइश : सजावट, सज्जा

पैरा स्तनी : सजाने योग्य

पैवस्तः : सटाहुआ, निरन्तर, गुजरा हुआ

पैवस्त : जड़ा हुआ, अंदर घुसा हुआ

पैसिपुर : पद दलित

पैहम : निरन्तर, लगातार

(पो)

पोईदन : दौड़ना तेज चलना

पोक : खेती का अन्न

पोचः : हलक, गला

पोच : अधम नीच

पोचगो : फिजूल की बातें करने वाला

पोचवी : संकुचित, दृष्टि, तंग नजर

पोज़न : जमीन जो खेती के लिये साफ की जाये

पोजवंद : पशुओं के मुंह पर चढ़ाने का छीका

पोज़ी : घोड़े का एक साज

पोज़ीदन : आपत्ति प्रकट करना,कार्य करने में असमर्थता प्रगट करना

पोज़माल : ऊँट की धुधनी डालने का फंदा

पोत : माल गुजारी राजस्व

पोतदार : कोषाध्यक्ष

पोय : घोड़े की एक चाल

पोलः : बिगड़ा हुआ फल

पोल : तांवे का सिक्का

पोलावी : अनुभव होने वाली वस्तु

पोले काग़जी : कागज का रूपया

पोले सफेद : चांदी का सिक्का

पोले सियाह : तांबे का सिक्का

पेशा नीदन : पहनना ढकना

पोशिश : वस्त्र लिवास

पोशदः : छिपाया हुआ पहनाया हुआ

पोसीद : पुराना घिसा हुआ कपड़ा

पोस्त : डाकखाना

पोस्त : खाल त्वचा

पोस्तकंद : स्पष्ट बिलकुल साफ

पोस्ट ख़ंद : मुस्कुराहट

पोस्त बाल : चमड़ा मढ़ी हुई वस्तु

पोस्ती : अफीम खानेवाला

पोस्तीन : लोमड़ी, समूह

पोस्तीने, गुर्ग : भेडिये की खाल

पोस्तीने रोबाह : लोमड़ी की खाल

(फ़)

फ़जनोश : लोहे का मैल

फ़जा : बर्फ

फ़जीदन : हाथ पॉव टूटना

फ़क़ाक : कैद सेछूटना, रहन रखखी वस्तु छूटना

फ़कारत : रीड़ की हड्डी

फ़काहत : बुद्धि मता

फ़कीअ : जौ की शराब

फ़कीद : अप्रायः नायब

फ़कीदुन्न जीर : लांजवाब

फक़ीह : धर्म शास्त्र का विद्वान

फ़कअ : आंख फोड़ना और आंखों को हानि पहुंचाना

फर्क्क अएला : ऊपर का जबड़ा

फक्क अस्फल : नीचे का जबड़ा

फ़ख़ामत : प्रतिष्ठा, आदर

फ़ख़ीख : खर्राटे लेना

फ़ख़ूर : धमण्डी

फ़ख़्ख : शिकारी, जाल

फ़ख़्त : छत का गोल छेद, चांद की रोशनी

फ़ग़ : मूर्ति, वुत

फ़ग़र : मुंह खोलना, गुलाब का खिलाफ फूल

फ़जर : व्यमचारी लोग

फ़ज़ल : मोटा होना

फ़जीलत : प्रतिष्ठा, बुजुर्ग

फ़ज्ज : वद मिजाज़, बदज़बान

फ़तन : मुग्ध होना, असाक्त होना

फ़ता : युवा, युवक, जवान

फ़तात : युवती जवान स्त्री

फ़तिन : बुद्धिमान, मेघावी

फ़तुन : होशियारी, बुद्धिमानी

फतूदन : ढील देना, देर करना

फ़त्न : लुभाना, आकर्षित करना

फ़त्हयाव : जिसने विजय प्राप्त की हो

फ़दामत : अनिति, अन्याय

फ़द्दाद : बहुत चिल्लाने वाला

फदरः : वोरिया चटाई

फ़नी : मृत्यु मौत

फन्ने मुसब्बिरी : चित्रकला

फ़म़ : मुख, मुंह

फ़र साबी : फ्रांसीसी

फर : वैभव, शान शौकत

फ़रस : अश्व घोडा

फ़रहं जीदन : सम्मान करना सम्मान देना

फ़रह : हर्ष आनन्द

फ़राइजे पंचगान : पॉचों वक्त सी नमाज

फ़राश्व अबू : हॅस मुख, जिंदा दिल

फ़राख चश्मी : अधिक साहसी

फ़राख चश्म : खूब खर्च करने वाला

फ़राख दस्त : दौलत मंद खूब देने वाला

फ़राख पेशानी : चौड़ी पेशनीवाला, भाग्यवान हँसमुख

फ़राख रवी : दानशीलता

फ़राखी : विस्तार, फैलाव

फ़राखीदन : शरीर के रोंगटे खड़े हो जाना

फ़राखुरी : पात्रता, योग्यता

फ़राख्तः : बुलन्द किया हुआ

फ़रागत : अवकाश, फुर्सत

फ़राग वाली : सुख और वेफिकरी से जीवन गुजारना

फ़रागे कुल्ली : पूर्ण संतोष

फ़राज : ऊँचाई, वलंदी

फ़राजो निशेव : ऑचनीच

फ़रातर : आगे, पहले, पेश्तर

फरानूस : फ्रांस

फ़राशीदन : जाड़ा चढ़ना

फ़रिफ्तन : मुग्धहोना

फ़रीक़ : दल पार्टी

फ़रीक अव्वल : वह व्यक्ति जिसने दावा किया हो

फ़रीके सानी : विरोधी दल का व्यक्ती

फ़रीद : एकाकी अकेला

फ़रीस : बुद्धिमान, अक्लमन्द

फरेब खुर्द : धोखा खाया हुआ

फरोग़ : प्रकाश ज्योति

फ़रोश : बेचने वाला

फ़रोस्त : घोड़े की सवारी

फ़र्कन : नदी नाला

फ़र्ख : पक्षी का बच्चा

(फरवशि) फ़र्वाश : लड़ाई झगड़ा

फ़ग़ीर : तर-बतर

फ़र्गुल : रूई दार लवादा

फ़र्जद : परनाना, पर दादा

फ़र्जन्दी : बाप बेटे का नाता

फ़र्जानन्ख़ू : बुद्धिमान, चतुर

फ़र्जेंअैन : मूल कर्तव्य, सही ड्यूटी

फ़र्जे मुहाल : ऐसी बात मान लेना जो होही न सके

फ़र्त : ताना

फ़र्तूत : बहुत बूढ़ा

फ़र्ते मसर्रत : हर्ष आनंद की प्रचुरता

फ़र्द : रजाई, चादर

फ़र्द : हिसाब का रजिस्टर

फ़र्दा : आने वाला कल

फ़र्दी : सूची फहरिस्त

फ़र्द जुर्म : चार्जशीट

फ़र्देवशर : एक व्यक्ति एक आदमी

फ़र्दे वाहिद : एक आदमी

फ़र्दे हिसाब : हिसाब का कागज़

फ़र्नाक : स्नान गृह

फ़र्नास : गाफिल, असावधान

फ़र्ब : मोटा-ताजा

फ़र्बेह : मोटा, ताजा, स्थूल

फ़र्मा : आज्ञा शाही हुक्म

फ़र्मा गुज़ार : शासक, हाकिम, राजा

फ़र्मा फ़र्मा : शासक, हुक्म चलाने वाला

फ़र्मा वरदारी : आज्ञा पालन हुक्कम मानना

फ़र्मा : फरमाने वाला

फ़र्मामिन्द : कहने वाला, वक्ता

फ़र्मूदः : फामार्या हुआ

फ़र्यादरस : फर्याद सुनने वाला

फ़र्रोश : वह व्यक्ति जिसको फर्श आदि बिछाने की जिम्मेदारी हो

फ़र्रूख : शुभ, सुन्दर, अच्छा कल्याणकारी

फ़र्शे आब : नदी या सुमुद्र का तल

फ़र्शे खाक : पृथ्वी का तल

फ़र्शे राह : जिगर

फ़र्साद : हकीम बुद्धिमान, चतुर

फ़र्सूद हाल : पतले हालो वाला

फ़र्सदगी : फटा पुराना होना

फ़र्हत अंजाम : जिसका परिणाम उत्तम हो

फ़र्हत आसार : आनन्दित

फ़र्हत वख्श : खुशी देने वाला

फ़र्हस्त : जादू मंत्र

फ़लक असास : बहुत मजबूत

फलक ज़द : आपत्ति में फंस हुआ

फ़लकताज : बहुत बड़ा साहसी

फ़लक परवाज : आकाश पर उड़ने वाला

फ़लक पैमा : पर्वतारोही

फ़लक बोस : गगन चुम्बी

फ़लक मर्तब : बहुत अधिक प्रतिष्ठा वाला

फ़लक शिगाफ : गगन भेदी

फ़ला : सूनसान स्थान

फ़लाकत : दरिद्रता गरीबी

फ़लाह : भलाई कल्याण

फ़लाहत : खेती काश्तकारी

फ़लेव : वद तमीज

फ़रवाइद : बहुत से लाभ

फ़वाहिश : दुराचार, बुरे कर्म

फ़सील : वही दवार जो, किले के चारों ओर बनाई जाये

फ़स्लान : फसल पर दिये जाने वाला नजराना

फ़स्ले खिजाँ : पतझड़ की ऋतु

फ़स्ले सर्मा : जोड़ का मौसम

फ़सह : अग्नी पूजको का त्यौहार

फ़हद : चीता

फ़हीम : अक्ल मंद

फ़हीम : साँप की आवाज

फ़हूम : बुद्धि, समझ

फहमाइश : चेतावनी हिदायत

फ़हमिन्द : समझने वाला

फ़हमे नाकिस : कच्ची समझ, ना समझी

फ़हस : ढूंढना

फ़हहाशी : अश्लीलता

(फ़ा)

फ़ाअले मुख्तार : वह कार्यकर्ता जिसको पूरे अधिकार हो

फ़ाइकतर : सबसे बढ़िया

फ़ाइज़ : सफल कामयाव

फ़ाइत : नश्वर

फाइदः : लाभ, नफा

फाइद रसानी : लाभ कारित, नफा पहुंचाना

फाकिअ : गहरा पीला

फाकिदुन्नज़र : दृष्टि हीन अंधा

फ़ाकिर : सोचने वाला

फ़ाकिहानी : मेवा बेचने वाला

फ़ाक : मूर्ख

फाज : जमाई, अँगड़ाई

फ़ाज़िल : बचा हुआ बाकी

फ़ातिर : सृष्टि कर्ता

फ़तिरूल अक़्ल : पागल

फ़ातिह : विजेता

फ़तिह आलम : संसार को जीतने वाला

फ़तिह नफ्स : अपनी इन्द्रयों को जीतने वाला

फ़ादिज़ : चौड़ा रास्ता

फ़ानी : नाशवान मिट जाने वाला

फ़ार : चूहा

फारान : एक पहाड़

फारिंग ख़ती : रूपया आदा होने की रसीद

फारिद : जिसकी उपमा नहीं दी जाके

फारूक : सच और झूठ में फरक करने वाला

फारसिगों : फार्सी में कविता करने वाला

फालगो : शकुन बताने वाला

फाले नेक : अच्छे लक्ष्ण

फाशगो : स्पष्ट वक्ता, साफ साफ कहने वाला

फास : कुल्हाड़ी

फांसिक : पापी गुनहगार

फाहिश : बहुत अधिक बुरा

(फ़ि)

फ़िजान : कहवा पीने की कॉच की छोटी प्याली

फ़िकाक : कैदी की जमानत पर छुड़ाना

फ़िक्दान : बहुत अधिक कमी

फ़िक्रः : छलीक बात

फिकरबंद : तुकबंद

फिक्रू इमरोज़ : आज की चिंता

फिक्रे अक़्वा : परलोक की चिंता

फ़िक्र पर्दा : कल की चिंता

फ़िक्रे मआश : जीविका कमाने की चिंता

फ़िक्रे रसा : तीव्र वुद्धि सूझबूझ

फ़िखार : धमण्डी

फ़िखूल : बद जवान स्त्री

फ़िगार : घायल, आहत

जाँफिजा : जिन्दगी बढ़ाने वाला

फ़िज़्जः : चांदी

फ़िज्जार : बहुत अधिक दुष्कर्म करने वाला

फ़ितूती : धन हथौड़ा

फ़ित्नः : उपद्रव, दंगा

फ़ित्न अंग्रेज़ : भड़का कर, दंगा कराने वाला

फ़ित्नः जू : उपद्रव कराने के लिये वाहने ढूढने वाला

फ़िंदाअ मिल्लत : राष्ट्र सेवा में तन मन धन लग देने वाला

फ़िन्नार : नरक में जाय

फ़िराक : धुन, ख्याल

फ़िरिंद : तलवार का गुण

फ़िरेफ़्त : मुग्ध, आसक्त

फ़िरोख्तन : वेचना

फ़िरोतन : विनीत, विनम्र

फ़िरोदस्त : आधीन, मातहत

फ़िरो मॉद : लाचार, विवश

फ़िरो माय : अधम नीच

फ़िर्ज : चुगल, खोर

फ़िदोस मकानी : स्वर्ग में रहने वाला

फ़िर्नास : वीर मनुष्य

फ़िर्याज : विस्तृत

फ़िलूज़ः : कलेजे का टुकड़ा

फ़िल फ़िल : मिर्च

फ़िलफिल सफेद : सफेद काली मिर्च

फ़िल फिल सुर्ख : लाल मिर्च

फ़िलिज़्ज़ात : वहु धातुऐं

फिशॉद : वखेरा हुआ

फिशोदन : झाड़ना

फ़िशानी : झड़ाई

फिशिस्त : फुँकार

फिश्कः : कारतूस

फिसोस : परिहास दिल्लगी

फ़िसो सीदन : अफसोस करना

फ़िस्क : दुराचार

फ़िस्किल : आलसी

फिहूरः : बट्टा

(फ़ी)

फ़ी : छल फरेब

फ़ी अमानिल्लाह : अर्थात ईश्वर रक्षा करे

फीन फसिहि : अर्थात वह स्वयं बहुत अच्छा है

फीरीदन : अफसोस करना

फीरोज़ : कल्याणकारी, कामयाब

फीरोज वख्ती : खुश किस्मती

फ़ील कामत : हाथी जैसे डील डौल वाला

फील दंद्राँ : हाथी जैसे दाँतों वाला

फ़ील दंद्रॉन : हाथी दाँत

फ़ील नशी : जिसके द्वार पर हाथी बधां हो

फ़ील पा : जिस रोग में पॉव सूजकर बहुत मोटे हो जाते हैं

फीिल पायः' : चूने और सीमेंट के मोटा खम्बा
फीिल बानी : महावत का कार्य
फीस वीली ल्लाह : ईश्वर के नाम पर
फीसा : मोर, मयूर

(फ़ु)

फुआक़ : हिचकी का रोग
फुआद : हृदय
फुकअ् : जोकी शराब
फुक़रा : फकीर लोग
फुकाहत : मनोरंजन
फुक्काहू : फूल पुष्प
फुक दाने हया : लज्जा का अभाव
फुख़ूर : गर्व, इतराना, धमण्ड करना
फुग़ : मूर्ति प्रतिमा
फुग़ाक : पागल, बुद्धिहीन, हरामजाद
फुज़ला : विद्वान जन पंडित लोग
फुजुल : मूली
फुज़दन : बढ़ना, बढ़ाना
फुज़ूर : पाप, गुनाह
फुज़ल गो : बेकार की बातें बनाने वाला
फुजूहः : रूसवाई, अपमान
फ़ज़ोलीदन : तकाज़ा करना
फुज़्लः : जूठन वचा हुआ खाना
फुतादः : गिरा हुआ, पड़ा हुआ
फुतादन : गिरना, पड़ना
फुतुव्वत : वीरता, शूरता
फुतूरे अक्ल : अक्ल की खराबी

फ़ुतूही : बिना आस्तीनी की बंडी

फ़ुफ़ : टोना, फूँक

फ़ुरूश : विछौने, विस्तेर

फ़ुरूक : दो वस्तुओं में फर्क करना

फ़ुरोजाँ : प्रकाशमान, रोशन

फ़ुरोज़ीन : दम दमाहट

फ़ुरोद : भुना हुआ

फ़ुर्कत जद : विरह पीड़ित

फ़ुर्जः : अवकाश, छुट्टी

फ़ुर्सते जीस्त : जीवनकाल, जिन्दगी का जमाना

फ़ुल्क : नाव नौका

फ़ुवाक : हिचकी

फ़ुवाज : मरना

फ़ुशुर्दन : निचोड़ना

फ़ुसूगर : जादूगर, मायावी

फ़ुस्कुल : घुड़ दौड़ में सबसे पीछे रहने वाला घोड़ा

फ़ुसुहत : मकान की लम्बाई चौड़ाई

(फ़ू)

फ़ू : एक जंगली जड़

फ़ूत : तौलिया, अंगौछा

फ़ूफल तराश : सुपारी काटने का सरौता

(फ़े फ़े)

फेअल : कार्य, काम

फेअलन : अमल

फेउले नाकिस : अपूर्ण कार्य

फैउले नाशइस्त : अश्लील काम

फेअल बद : बुशकाम दुराचार

फ़अलेमअरूफ़ : वह क्रिया जिसका कर्ता ज्ञाता हो

फेअले मज्हूल : वह क्रिया जिसका कर्ता ज्ञात न हो

फहरुस्त मज़ामीन : विषय सूची

(फ़ै)

फ़ै : वगैर युद्ध किये मिला हुआ माल

फ़ैज : पत्र वाहक, कासिद दूत

फैज़ : दानीशलता, उपकार भलाई

फैज़ गुस्तर : कीर्तिमान, मुक्त हस्त

फैज तलव : जो किसी यश की याचना करता है

फैजवख्श : यश देने वाला, दान देने वाला

फैज़म आब : यशस्वी कीर्तिमान

फ़ैज यावी : यशपाना लाभ उठान

फैज़र सानी : यश देने वाला

फैजाने सुहवत : किसी की निकटता से लाभ प्राप्त होना

फ़ैद : लाभ पिसी हुई केसर, अल्लढ़ चाल

फ़ैनः : एक दिन का बच्चा

फ़ैफ़ : जंगल

फ़ैम : सख्त आदमी

फ़ैयाज तरीम : सबसे अधिक दान देने वाला

फ़ैलख : चक्की का पाट

फ़ैलसूफ : वैज्ञानिक, धुर्त, छली

फ़ैलूल : कम अक्ली मूर्खता

फैश : सुपारी

फ़ैहिज : शराब मदिरा

(फ़ो)

फो : शतुर मुर्ग

फोत : लगान, महसूल

फोतदार : खजानची, तहसीलदार

(फौ)

फ़ौक : ऊपर सिरे पर प्रधानता

फ़ौकल आदत : प्रकृति के विरूद्ध

फ़ौकियत : उत्तमता, (वडप्पन्न)

फ़ौकुल-आदत : असभंव कार्य करना

फ़ौजे अजीम : बहुत बड़ी सफलता

फौजे वरी : वह सेना जो जमीन पर लड़े

फ़ौजे वहरी : वह सेना जो समुद्र में जहाजों की लड़ाई लड़े

फौज फ़लाह : उन्नति और भलाई

फ़ौत : मरण मृत्यु

फ़ौह : महक सुगन्ध

फ़ौहद : मोटा ताजा युवक, स्वस्थ युवक

(ब)

बंग : भाँग

बंगनोश : भाँग पीने वाला

बंज़ : अजवाइन

बंद : दास

वंद नवाज़ : अपने सेवकों पर दया करने वाला

वंद : अंग का जोड़, कारावास

बंदेअज़र : धन का उपासक, रूपये का वन्दा

बंदेअे हल्कः वगोश : जिसके कान में दासता कुडल पड़ा हो

बंदग़ी : प्रणाम, सलाम, आज्ञा पालन

बंद वद : शरीर का एक-एक जोड़

बंदर : साहिल, वंदरगाह

वंःदेदस्त : हाथ और कलाई के बीच का जोड़

बंदेदाम : जाल का फंदा

बअल्फाजे दीगर : दूसरे शब्दों में दूसरे प्रकार से

बआवोताब : शानो शौकत के साथ

ब इख्तिसार : संक्षिप्त रूप से

ब अिंज्जतो इहतिराम : पूरे सम्मान के साथ

ब इत्तिफाके राय : सब की सहमति से

ब इफरात : अत्याधिक बहुत ज्यादा

ब अीद : दूर फासले पर

ब अीदुल कयास : विचार के विरूद्ध

ब अीर : ऊँट

ब अुज्लत : जल्दी से

ब क़द्र : अनुसार

बकराहत : धिन के साथ, नफरत के साथ

ब क़र्रोफर : तड्क भड़क के साथ

ब क़मलमेखुद : अपनी कलम से

बक़ा : अस्तित्व, वजूद

बकाओ दवाम : नित्यता अनश्वरता

बकाक : वकवास

बकार आमद : काम जानने वाला

बकावल : शाह रसोई घर का अध्यक्ष

बकीय : बिलाप करने वाली स्त्री

बकीले शख्से : किसी विशेष्ज्ञ व्यक्ति के कथा अनुसार

बक्काल : वनिया आटा दाल बेचेन वाला

बक्तर पोश : कवच धारी

बक्लः : सब्जी तरकारी

बखर : मुँह की बास

बरंवीद : धुन की हुई रूई

बखुदा : ईश्वर के लिये, खुदा के लिए

बख्तवर गश्त : जिसका भाग्य उसके विरूद्ध हो

बख्तयार : अच्छा, समय, अच्छा भाग्य

बख्तावर : भाग्यशाली

बख्ते खुफ्त : अभाग पन सोता हुआ नसीब

बख्तावरी : सौभाग्यशील खुशनसीबी

बख्शी : सैनिको को वेतन बाॅटने वाला

बख्सतन : सोते हुए ख़र्राटे लेना

बग़ : मेंढ़क

बगलगीर : जो गले मिला हो

बगीय : आज्ञा न मानने वाली स्त्री

बगई : आज्ञा न मानना

बग़ बग़ा : ठोढी के नीचे वह बल जो मुटापे के कारण हो

बग़लोल : मूर्ख

बच्चे अफील : हाथी का बच्चा

बच्चे शुतुर : ऊँट का बच्चा

बज़: : गुनाह, पाप

बजज : भेड़ का बच्चा

वज्म : सभा, गोष्ठी, महफिल

वज्म क़दह : पान गोष्ठी, शराब की मंज्लिस

वज़्र क़ुतूना : इस्तगाल ईसब ग़ोल

बंज़ूल : मनोरंजन, विनोद

बतकल्लुफ : संकोच के साथ

बतीउल असर : जो अपना गुण देर में दिखाये या जो दवा देर से असर करे

बतौर : सलीके के साथ तरीके से

बतौर मिज़ाह : हँसी के तौर पर

बद अकीद: : जिसका धर्म विश्वास ठीक न हो

बद अख्तर : अभागा कुभागीन

बद अख़्लाक : बे मुरव्वत, दुर्व्यवहार

बद अमली : प्रबंध अच्छा ना तो

बद अहद : वादे पर कायम न रहे

बद आईन : जिसका कोई उसूल न हो

बद आमोज़ : जिसको बुरी शिक्षा मिली हो

बद औसान : घबड़ाया हुआ

बद कलाम : गुस्ताखी से बात करने वाला गालियाँ बकने वाला

बद कुवार : बुरी सूरत वाला

बद केश : बुरे स्वभाव वाला, दुष्टआत्मा

बद केशी : नास्तिकता

बद खसलता : दुष्ट स्वभाव वाला

बद खू : रूखा स्वभाव

बद ख्वाही : अशुभ चाहना

बद गुमान : जो किसी के ओर बुरी धारणा रखे

बद गुहर : दोगला

बद गोई : गाली गलोच

बद जौक : जो पढ़ने लिखने में दिल न लगाये

बद दियानत : जो अमानत में खियानत करे

बद नज्म : जिसका प्रबंध अच्छा न हो

बदनुमा : कुरूप

बद वातिन : बुरी प्रकृति वाला

बद बीनी : बुराई देखने वाला

बदमआश : लुच्चा, गुंडा

बद मजन्न : वह व्यक्ति जिस पर किसी अपराध का शुभा
हो

बदमस्त : जो शराब आदि में जो अचेत हो

बद बदमिह : वेवफा

बद मुआमल : जो लेन देन में साफ न हो

बद मुजन्त : शक्की शक करने वाला

बद मुंह : सुअर, शूकर

बद युक्ती : अनिष्ट, अशुभ

बदरंग : दोगला

बदरवी : बुरी राह चलना

बदरौ : बुरे रास्ता चलने वाला

बदल : प्रीतकार बदला

बदलगाम : मुंहफट

बदले इशितराक : समाचार पत्र का मूल्य

बद वजाहत : जो चेहरे से रोवदार नहीं

बद वजूह : जिसकी वेशभूषा अच्छी न हो

बदवी : बुद्धु जंगली

बद शिआर : वद नियत

बद शौक : पढ़ने लिखने में रूचि न हो

बद सर अन्जाम : जिसका अन्जाम अच्छा न हो

बद साअत : अशुभ समय, बुरे दिन

बद सिलाग : अशुभ, चिन्तक

बद स्तयारी : साहयता से, मदद से

बदह : विना फलवाला वृक्ष

बदियगोई : तुरन्त जबाव देना

बदी सबब : इस कारण से

बदीअ : अनुपम अजीवो गरीब

बदी अज़्जमॉ : सारे संसार में अनोखा

बदीअल जमाल : जिसकी सुन्दरता का कोई जबाव न हो

बदीहगो : बिना तैयारी के बोना

बनजरे तअम्मुक : बड़े गौर से

ब-नजरे फ़िरासत : ताड़ने वाली दृष्टि से

बनाचारी : विवशता पूर्वक, लाचारी

बनाद : फोड़ा

बनादिर : संमन्दर के साहिल

बनान : पॉव की उंगली

बनिअम : चचेरा भाई

बपा : उपस्थित, क्राइम

ब फज्ले एज़दी : ईश्वर की कृपासे

बम : थप्पड़ चाँटा

बमदारिज : कई गुना

ब मूज़िब : अनुसार मुताबिक

बयाने तहरीरी : लिखित वयान

बयो : दुल्हन

बयागानी : विवाह, शादी

बरंदाज : नष्ट करने वाला

बर आवर्दन : बाहर लाना

बर आवे ख्तन : लटकाना

बरकंद : जड़ से उखाड़ा हुआ

बरक अन्दाज़ : चपरासी, अंगरक्षक

बर कर्दन : व्यक्त करना, जाहिर करना

बर कशीदन : पदबढ़ाना, मर्तव बढ़ाना

बर खुर्द : सफलता, कामयावी

बर खुर्दन : लुफ्त उठाना, मेवाखाना

बर खुर्दार : खुश नसीब, बेटा, पुत्र

बर गश्त अभ्याम : जिसके दिन उल्टे हो गये है

बर गश्तसर : पागल

बर गुजीदः : चुना हुआ, मनोनित

बर चीदन : चुगना चुनना

बर जस्त : तड़ाक से तुरन्त

बर जस्तगोई : हाजिर जबावी

बरतर : श्रष्ट उत्तम, आला

बरताफ्त : मोड़ा हुआ

बरदार : नाज उठाने वाला

बरदोश : कंधे पर उठाये

बरन शिस्तनी : सवारी बैठने योग्य

बरनास : नादान, गाफिल

बर का दकुन : बरवाद करने वाला

बर बिनाअे इख्लास : मित्रता के नाते

बरमला : मुंह पर सामने

बरस : सफेद कोढ

बरादर जाद : भाई का लड़का

बरादर जादी : भतीजी

बरादर परवर : स्वजनों की देखभाल करने वाला

बरादरें कलाँ : बड़ा भाई

बरादरे खुर्द : छोटा भाई

बराहिम : ब्रह्मण लोग

बरादे आश्ती : मित्रता के विचार से

बरीद : पत्र वाहक

बर्क अफगन : बिजली गिराने वाला

बर्क अिनो : बिजली की तरह, चंचल चपल

बर्क अन्दाजी : सिपाही या हरकारे का काम तोप चलाकर

बर्क कंदम : बहुत ही धारदार

बर्की : विजल से संबंध रखने वाला

बर्के वेअमाँ : वह विजली जिसमें वचाव न हो सके

बर्गे ख़जाँ : वह पत्ता जो पतझड़ के कारण पीला पड़ गया हो

बर्गे गुल : गुलाब की पंखडी

वर्ग तंबोल : पान

बर्गे सब्ज : हरा पत्ता

बर्गे नवा : खाने पीने की सामग्री

बर्गो साज़ : साज़ समान

वर्ज़ : कृषि खेती

वर्ज गर : किसान

बर्जन : गली, कूचा

बर्दः : दास, गुलाम

बर्द ः शीत, जाड़ा

बर्दक ः पहेली

बर्ना ः तरूण, जवान

बर्बरीयत ः अत्याचार, अन्याय

बर्हम ः अत्स, व्यस्त, तितर, वितर

बर्हमी ः नाराजगी, क्रुध होना

बलंद अख्तर ः प्रतापी, तेजस्वी

बेलद अहांग ः जोर से बोलने वाला

वंलद परवाज ः ऊँचा उड़ने वाला

वंलद पाय ः वडे पदवाला

वलंद बीनी ः उच्च दर्शिता

बलताई फुल हियल ः नये नये वहाना के साथ

बलंद ः नगर, शहर, नेता, लीडर

बलल ः तरी नमी

बलाअे, अजीम ः बहुत बड़ी आपत्ति

बलाअे वेदमाँ ः ऐसी आपत्ति जिसका कोई तोड़ न हो

बला कश ः आफते झेलने वाला

बदालते जेहन ः प्रतिभा का कमी

बला नोश ः बहुत अधिक शराब पीने वाला

बलीद ः भेद बुद्धि

बलकश ः रिश्वत

बलकअ ः खाली ज़मीन

बलूम ः लम्बी दाढ़ी वाला

बल्ल ः सीलन

बल्लान ः स्नान घर

बल्लूत ः सुपारी का पेड़

बल्लूर ः एक मुल्यवान शीशा स्फटिक मणि

बव्वाबः : द्वारपाल, फाटक, गेट

बशरः : त्वचा, उपरी चमड़ा

बशर : मनुष्य

बशाअः : वदसूरती

बशार : न्यौछावर

बशाशत : प्रसन्नता, खुशी आनंद

बशाशत रूह : अल्माकी प्रसन्नता

बशीर : शुभ सूचना

बश्अ : अप्रसन्न होना, ऊवजाना

बसर औक़ात : जिन्दगी काटना, गुजारा करना

बसरो चश्म : खुशी के साथ

बसल : प्याज

बसावूरत : पासपोर्ट

बसान : समान

बसारत : दृष्टि नज़र

बसालत : शूरता वीरता

बसी गअे राज़ : गोपनीय पत्र

वसीत : विशाल, चौड़ा, चकला

बसीर : दिव्य दृष्टिवाला, ईश्वर

बसीम : मुस्कराने वाला

बसूरते दीगर : अन्यथा, वरना

बसूरी दन : श्राप देना, कोसना

बस्त : विस्तार, फैलाव, तफ्सील

बस्ते दाम : जल में फंसा हुआ, रस्सी से बंधा हुआ

बस्तूक : आचार दानी

बस्म : जाहि करना, प्रगट करना

बहजार मुसीबत : हजारों मुसीबतों के साथ

बहत : शुष्क चावल

बहद्दे कि : इतना तक हुआ कि

बहम दीगर : एक दूसरे के साथ

बहा जत : खुशी, प्रसन्नता

बहानखू : जिसका स्वभाव बहानो का हो

बहीमी : हैवानी जंगलीपन

बहर भेद : सौभाग्यशाली, खुशनसीब

बहरिय : जल सेना, जंगी बेड़ा

बहरे काहिल : प्रशांत महासागर

बहरे मगरिब : यूरोप का समुद्र

बहरे खाँ : नौका नाव, किश्ती

बहरे स्यह : गहरा समुद्र

बहुहास : बहुत अधिक वाद विवाद करने वाला

(बा)

बॉगे, अज़ॉ : आज़न की आवाज

बॉगे जरस : काफीलें में वजने वाले घंटे की आवाज

बाअख्लाक : अच्छे शील स्वभाव वाला

बाआँकि : इसके बावजूद

बाआवोताब : चमक दमक के साथ

बाइक्तीदार : जिसके हाथ में सत्ता हो

बाइख्लाज : जिसमें निष्कपता हो

बाइत : बासी

बाअसे इन्फिआल : लज्जा का कारण

बाअसे इफितराक : फूट का कारण

बाअसे इब्तिहाज : हर्ष का कारण

बाअसे इश्ति आल : उत्तेजना का कारण

बाअसे तफाखुर : गर्व या मात्र का कारण

बाअसे दिरंग : ढील और देर का कारण

बाअसे निफ़ाक : फूट का कारण

बाअसे मन्फ़ूअत : लोभ का कारण

बाअसे महंमत : दया का कारण

बाअसे मसर्रत : हर्ष और आनन्द का कारण

बाअसे शकरंजी : वैभनस्य का कारण

बाइस्तः : योग्य लायक

बाइस्तिताअत : समर्थ योग्य धनवान

बइस्तेदाद : विद्वांन पंडित

बाई : ऐसी, जुदाई जिसके बाद मिल ना ना हो सके, तलाक

बाईहमः : इन सब बातों को बावजूद

बाईसार : त्यागशील

बाअे हूतियाज : जरूरतमंद, मुहताज

बाक्र : गुलदस्ता

बाक : भय, डर, खौफ

बकादोकाविश : पूरी दौड़, धूप से

बाकिरः : कुमारी, बिन व्याही लड़की

बाकिर : सिंह, शेर, विद्वान, फाज़िल

बाखिरः : स्टीमर

बारिवरद : मेधावी, अक्लमंद

बाखुदा : सदात्मा

बाबूब्तः : हारा हुआ

बागे अदन : स्वर्ग, बहिश्त

बाग़े वहश : अजयब घर

बाज कर्दनं : जुदा करना, खोलना

बाज ख्वास्त : वापस मॉंगना

बाजदीद : किसी के आने पर उसके बाद उससे मिलने जाना

बाजमाल : रूपवाज, सुन्दर

बा जयाफ़्तगी : फिर से पाना, गई हुई चीज का मिलना

बाजाबित : कानूनी तौर पर

बाज़िंदः : धुर्त चालाक

बजिल : दानशील

बाजीः : वड़ी वहन, आपा

बाजू शिकस्त : जिसकी वाजुए टूट गयी हो

बाजौक़ : रसिक सहद

बातदवीर : प्रवीण, कुशल

बातम्कीन : गंभीर संजीद

बातिनी : मानसिक, दिली, अंदरूनी

बतिल : असत्य गलत

बातिश : सख्ती बरतने वाला

बा तौकीर : प्रतिष्ठित सम्मानित

बातौफीक़ : सम्पन्न धनी, सर्मथ

बादः : शराब, हाला

बाद चशी : मॅुह का जायका को बदलने के लिये जरा सी
शराब पीना

बादपरस्त : बहुत अधिक पीने वाला

बादः बजाम : पियाले में शराब भरेहुए

बादः बलब : मॅुह से प्याला लगाये हुए

बादअे अंगूर : अंगूरी शराब

बादअे अंग्बीं : शहर की शराब माधवी

बदअे अर्गवानी : सुर्ख शराब

बदअे अहमरी : लाल रंग की शराब

बादअे कुहनः : बहुत अधिक पुरानी शराब

बादअे तल्ख़ : कड़वी शराब, पुरानी शराब

बादअे, दो शीनः : रात की रखी हुई शराब

बादअे नाब : वेमेल बढ़िया शराब

बादअे नौशकर : गुड़ की शराब

बादअे नोंशीं : अमृत जैसी शराब

बादअे रौहानी : एक शराब जो सारे फलों से बनती, सुगंधित होती है

वादकश : छत का पंखा

बाद खोरः : गंज की बीमारी जिसमें घोड़े के वाल गिर जाते है

बाद ख्व्वाँ : शेरवी बाज़ खुशामदी

बाद गीर : हवादार खिड़की

बाददस्त : फिजूल खर्ची अपव्ययी

बादनुमा : बायु का वेग बताने वाला

बाद परॉ : डींग मारने वाला

बाद पेच : झूला

बाद पेमाई : तेज चलना, वकवास

बाद पैमूदन : वह कार्य जिसका कोई लाभ न हो

बाद फराह : पापदंड, गुनाही, सजा

बाद रीश : अभिमान, अहंकार

बाद लीज : तोप

बाद संज : लोभी लालची

बाद सवार : छत का पंखा

बाद हवाई : गप, व्यर्थ की बकवाद

बा दिया नशीनी : जंगल में रहना

बादियान : सौफे

बादिर : दौड़ने वाला चतुर, चालक

बादिये ख़ार ख़ार : दुखी मन से, विवशता से

बादिश्फ़ाम : एक प्रकार की शरीर की लाली जो कुष्ट रोग के लक्षण है

बादीदअेतर : भीगी आंखो से

बादी गर्द : बगुला, सारस

बादे गेसू : स्त्री का धमण्ड

बादे तुंद : तेजवायु झक्कड़

बादे नसीम : शीतल मंद हवा

बादे सबा : सवेरे कीपूर्व की हवा

बादे समूम : कड़ी और घातक लपट

बानवाई : ध्वनिवाला, आवाज वाला

बानिये ज़फा : अत्याचार करने वाला

बानिये फसाद : झगड़े की जड़

बानी : किसी काम की शुरूआत करने वाला

बानी कार : बहुत ही धुर्त

बानूज : झूला

बाफ़कार : बुनने वाला

बाफतन : बुनना

बाव कानः : खिड़की, दरिचा

बाबूज : स्लीपर चप्पल

बावे अदम : यमलोक का द्वार

बाम : छत, अटारी

बाम गाह : प्रातःकाल तड़का

बाम जद$: लम्बी दाढ़ी वाला

बामियां : भिण्डी

बामअे परीशाँ : बाल विखरे हुए

बामे आर्श : बहुत ऊचाँ स्थान

वायस : मुंहताज, असहाय

बायस्तः : योग्य, लायक

बायस्तन : मुहताजी असहयता

बायिअ : बेचने वाला

बार : भार, आज्ञा, इजाज़त

बार अंदाज : ठहरना, उतरना, क़ियाम करना

बार आवर : जिसमें, फल लगे हो, सफल

बार कश : बोझ ढोने वाला, हम्माल

बार खान : गोदाम

बार गाह : दरबार, राजसभा

बारगी : अश्व घोड़ा

बारजः : जंग कश्ती

बारदान : वह चीज जिसमें बोझ रखे

बा रद्दोकद : बड़ी बाद विवाद के बाद

बार फरोश : थोक सौदा बेचने वाला

बार वर : बोझ ढोने वाला

बार बरदारी : बोझ उठाना

बर याबी : किसी बड़े आदमी के पास पहुँच

बारहा : बहुधा, प्रायः

बारॉ : वर्षा, बरसात

बारॉगीर : घर या मकान का छज्जा

बारॉ दीदः : अनुभवी

बारानी : बरसाती कोट आदि, वह जमीन जो केवल वर्षा के सहारे हो

बारिक : प्रकाशमान नूरानी

बारिंदः : बरसने वाला

बारिया : पाखड़ी

बारिह : बीती रात

बरीकरौ : किफ़ायत

बारा तआला ईश्वर-भगवान

बारूह : थान

बोर अमानत : अमानत या धरोहर की जिम्मेदारी

बारे आम : सबकी पहुँच

बारे आलम : मुसीबतों का पहाड़

बारे कफ़लत : कर्ज के बदले जायदाद गिरवी रखी गयी हो

बारे कर्ज : कर्ज का बोझ

बारे ख़तिर : ऐसा काम जिसे मन न चाहे

बारे गराँ : अधिक बोझ, बड़ी जिम्मेदारी

बारे सुबूत : प्रमाणित करने की जिम्मेदारी

बाल अफ़शानी : पर झाड़ना

बाल जुवानी : पर फैलाना

बालस्त : कुमारी, कुँबारी

बालाए ताक़ : जिससे कोई संबंध न हो

बाला खान : छत के ऊपर मकान

बालान : बरामदा, दलान

बाला नर्शीं : मान्य, पूज्य सभापति

बाला बलद : लम्बे कद का

बालिन्द : बढ़ने वाला

बालिश : तकिया, मसनद

बालू : महफिल, नाच-गाना

बावर : विश्वास एतिबार

बाशी : नायक, सरदार

बाशीदन : रहना, बसना

बा सिले सिल : क्रम बद्ध, सिल सिलेवार

बाहम और बेहम : जो भलाई में सबके साथ और बुराई में किसी के साथ न हो

बाहुर : अतियन्त गरमी

(बि)

बितं : लड़की, पुत्री

बिख़रद : अक्लमंद

बिगताश : जिसके बहुत से दास दासी हो

बिचाकू : चाकू, छुरी

बिचीज : तुच्छ अधम

बिज़न : वध, कत्ल

बिता : देर, विलम्ब

बितालत : शूरता, वीरता

बित फ्सील : विस्तार पूर्व तफ्सील से

बित्माम : सबका सब, पूरे का पूरा

बित हक़ीक़ : निश्चय पूर्वक

बित्तीख़ : खरबूज़ा

बित्खे अख़्जर : तरबूज

बितूनः : पेट भरापन

बित चार : आपत्ति, मुसीबत

बिदिस्त : वालिश्त

बिदून : बिना बगैर

बिदूल : सज्जन पुरूष

बिना : नींव आधार

बिनाअे जुल्म : अत्याचार की शुरूआत

बिना अे मुखा समत : झगड़े की जड़

बिन : बेटा, पुत्र

बियाबाँ नशी : जंगल में रहने वाला

बियाबाँ मर्ग : जिसकी मृत्यु जंगल में हो

बियो बारीदन : सटकना

बिरंज : चावल

बिरजन : सोने चांदी की चूड़िया

बिरंजी : पीतल के बर्तन

बिरजीस कद्र : बहुत बड़ी प्रतिष्ठा वाला

बिरिश्त : भुना हुआ भृष्ट

बिरीज बिरीज़ : खलबली उथल पुथल

बिरूनी : बाहरी विदेशी, परदेशी

बिल इत्तिफाक : सबकी सम्मति से

बिल इराद : निश्चय पूर्वक इरादे से

बिल कस्द : जान बूझकर

बिल किनाय : इशारे में

बिल खुसूस : मुख्यतः खासतौर पर

बिल मुकाबिल : सम्मुख आमने-सामने

बिल मुनासफः : दो भागों में बराबर-बराबर

बिला तकल्लुफ़ : निःसंकोच बिना किसी विचार के

बिला तरददुंद : बिना चिंता और फिक्र के

बिला तवक्कुफ : तत्काल, फौरन

बिला तहाशा : अंधाधुंध, बिना सोचे समझे

बिलादे मग़रिश्व : यूराप के राष्ट्र

बिला दे मांशिक : पूर्वी राष्ट्र

बिला रैव : बेशक

बिल्लौरै : स्फटिक मणि

बिशारत् : खुशखबरी

विश्ताम : बिना बुलाया महमान

बिस्तेरे आहंग : पलंग की चादर

बिसयार खोर : बहुत खाने वाला

बिह : उत्तम, बढ़िया

बिहीन : वह तरीन, उत्तम

(बी)

बीज़ : गोरी चिट्टी औरते

बीना : देखने वाला

बी नाई : आंखो की रोशनी

बीविंद : देखने वाला, दर्शक

बीनाअे कोह : पहाड़ की चोटी

बीनी : नासा नासिक

बीनी वुरीदः : न बटा, नाक कटा

बीम : भय, त्रास, डर, निराशा

बिमारे फिराक : विरह के रोग से पीड़ित

बिमेजाँ : जान का खतरा

बिमो हिरास : खौफ और निराशा

बरिः : जौ की शराब

बीर : कुआँ, कप

विस्तुम : बीसवीं

(बु)

बुका : रोना

बुकाअ : चिल्लना

बुकूर : रात जागना

बुकूल : बहुत सी तरकारियाँ

बुकूची : समान की छोटी गठरी

बुकूर : प्रातः सवेरा

बुखालत : कंजूसी

बुगारः : धाव, जख्म

बुज कदम : कमजोरी के मारे धीरे चलना

बुजगीर : छली मक्कार चोर

बुज़अ : हँसमुख, बातूनी लड़का

बुजे अख़फश : महामूर्ख

बुता : प्रिय, प्यारे

बुते पुरफन : बहुत ही चालवाज़ नायिका

बुते वे पीर : कठोर मन की नायिका

बुन्कराँ : खुर्चन वे चावल जो देगचे में नीचे लग जाता है

बूनूय : नीब बुनियाद

बयूत : बहुत से घर

बुरीं : फॉक

बुरीद दस्त : जिसके हाथ कटे हुए हो (लूला)

बुरूक्त : मूँछ

बुर्क : पथरीली जमीन

बुदे अजूज़ : जाड़े का अन्तिम सप्ताह

बुलन्द अख़्तर : भाग्यशाली

बुलाअत : उबाल

बलूक : गाँव, कस्बा

बुलूग़ : युवा अवस्था

बुलहवस : लोभी, लालची

बुशारत : खुश खबरी

बुश्क : बालों की लट

बुशः : चेहरा, हुलया

बुशा : शुभ संवाद

बुस्ताँ : बाटिका, बाग आराम

बहु तान तराशी : झूठा इल्जाम लगाना

(बू)

बू : गन्ध, महक, आसार

बुईदन : सूंघना, बू देना

बुअे अफ्राज : गर्म मसाला

बूक़ : तुरूही

बूक लमूं : चित्त विचित्र

बूज खानः : शराब खाना

बूजिन चश्म : वे मुरब्बत, आंखे फेरने वाला

बूजी : छोटा पालतू जानवर

बूतअे खाक : मानव शरीर

बूतअे ज़र : सोना गलाने की घरिया

बूदगी : हस्ती, अस्तित्व

बूदादन : दाने भूनना

बून : वियोग, जुदाई, दूरी

बूम : तुलूक, उल्लू, बंजर भूमि

बूमी : देशवासी हम वतन

बूरी : हुक्का

बूस : कठोरता दुःख शिद्दत

(बे)

बे अंदाम : गुस्ताख, वदतमीज़

वे अजल : अकाल, बिन आई मौत

बे अदल : अन्यायी

बे इमजा : बेनाम, गुमनाम

बे इम्तियाज़ बिना भेदभाव के

बे अजूर : किसी काम के करने से कोई आपत्ति ना हो

बे कराँ : जिसका किनारा न हो, अपार

बेकस : दुखित, दुखी

बे कियास : बेहिसाब अत्याधिक

बे क़ील : बिना संदेह, विनाशक

बे कौल : बात का कच्चा

बेख़ं : मूल, जड़

बे ख़तन : छानना

बेखतरी : बेखौफी, निडरता

बे खाँनुमा : वेघर, परदेशी

बे खुदी : अचैतन्य, बेखबरी

बेख्त : छनाहुआ

बे गाह : शाम का वक्त, सांयकाल

बे गुमाँ : सहसा, अचानक

बे चूँ : वेमिसाल

बेज़बाल : स्थाई, सदैव रहने वाला

बेजुफ्ती : जोड़ा न होना, दो भाग न होने वाली संख्या

बे जौक : वे स्वाद, वे मज़ा

बे तकान : बिना थके हुए

बे तकसीर : निरअपराध वेगुनाह

बेवर हुद : वे खटके

बे तरीक : अनुचित, नाइजइज़ तौर पर

बे ताहाशा : अचानक याकयक

बे तालिअ : बद किस्मत

बे तौकीर : वे इज्जत, अपमानित

बे दस्तूर : अनियमित

बे दस्तापा : जिसके हाथ पाव न हो, निसहाय

बे दहन : वे जवॉ

बे दाद : अत्याचार अनिति

बे दानिश : बिना पढ़ा लिखा, बुद्धि हीन, मूर्ख

बेदार वख्त : खुश किस्मत

बे दाश्त : वे पर्वा

बे दीन : नास्तिक

बेनंग : वेशर्म, निर्लज्ज

बेनजीर : अनुपम, बेमिसाल

बेपनाह : जिससे रक्षा ना हो सके

बे परी : लाचारी कमजोरी

बे फैज़ : अन उपकारी, अपयशी

बेबक़ा : नाशवान फ़ानी

बे वदल : जिसका जोड़ा न हो, अकेला

बे बसर : अंधा, दृष्टिहीन

बे वहा : बेश क़ीमत

बे बह : अभागा, बद किस्मत

बे मानिद : जिसकी कोई तुलना न हो

बे मायगी : दरिद्रता, निर्धनता

बे मिहार : वे लगाम

बे नुजिब : बिना वजह, अकारण

बेरिया : निश्चलता

बेरू : बे मुख्वत

बेल : फावड़ा, नॉव खेने की डॉड

बे लौस : मुख्लिस, जिस पर कोई लॉछन न हो

बे कुआती : अपमान, तिरस्कार

बेवगी : विधवापन

बेशः : शेर की रहने की माँद

बे शतर : अधिकतर, बहुदा अमूमन

बे सबब आज़ार : बिना कारण कष्ट देने वाला

बे सरो दिल : ला परवाह

बे सरो पाई : बद किस्मती

बे सर्फ : व्यर्थ, वेकार

बे साख्तः : सहसा बेतहाशा

बे हमता : अनुपम, बेमिसाल

बे हिक्मत : नादान, मूर्ख

बे हिसी : एहसास का अभाव

बेहुर्मती : अपमान निंदा रूसवाई

(बै)

बैअ : बेचना परोख्त

बैज : अंडा

बैज अेमार : साँप का अंड़ा

बैज़ा : प्रकाश मान

बैतार : पशुओं की चिकित्सा

बैतुल अुलम : यूनिवर्सिटी, विश्वविद्यालय

बैतुल ग़जल : ग़ज़ल का सबसे अच्छा शेर

बैनूनत : जुदाई वियोग

(बो)

बोईद : सूधा हुआ

(बौ)

बौगा : धूल

बौज़ : भौंरा

बौन : वियोग जुदाई

बौलगाह : यूरिनल, पेशाव करने की जगह

बौश : कमीना, लुच्चा, तुच्छ

(म)

मंकिब : कधाँ

मंकीदन : क्रोध से बड़बड़ाना

मंक़ूब : सुराख किया हुआ

मंक़ूल : नकल किया हुआ

मंजिल गाह : जहाँ जाकर ठहरना हो

मंज़िलत : आदर सत्कार

मंज़िले, अव्वल : शमशान जहां मरने पर व्यक्ति पहली बार जाते है

मंजिले मकसूद : आशय, उद्देश्य

मंतूफ : कथन, कविता

मंद : जरूरत वाला

मंदूफ : धुनकी हुई रूई

मंदूब : डेली गेट, प्रतिनिधि

मंशूर : तितर-वितर, विखरा

मंसूव : पदवी अधिकार

मंसूख : खारिज, रद्द, निरस्त

मंसूर : विजेता, विजयी

मआज : पनाह की जगह

मआद : यमलोक

मआल अंदेशी : नतीजा सौकचकर काम करने वाला

मआलना अंदेशी : नतीजा सोचे बिना कार्य करने वाला

मआली : ऊँचाइयाँ

मआंले कार : काम का नतीजा

मआलेबद : बुरा नतीजा

मआश : जीविका, रोजी

मआसिर : अच्छी निंशानिया

मआसी : गुनाह, पाप का समुह

मअीयत : साथी, हमराही

मअूनत : सहायता, मदद

मअूल : भरोसा किया हुआ

मकर्सल हुकूमत : राजधानी

मक़ल : धूरना, आलोचना करना

मकाइद : पांखड, फरेब

मकातिव : प्रारंभिक पाठशालायें

मकानत : प्रतिष्ठा सम्मान

माकामी : स्थानीय, लोकल

मकालःनवीस : निबंधकार

मक़ालात : गुफ्तगू, बातचीते

मक़ासिद : समूह मंशाएं

मकीदः : चूसा हुआ

मकीदत : बुरा चाहने वाला

मक़ीदन : चूसना

मक़ील : दोपहर कारवाना

मकू : घूँट, कश चुस्की

मक़अद : बैठने का स्थान

मक्तव : पाठशाला

मक्तल : कत्ल करने का स्थान

मंक्तूअ : कटा हुआ

मक्तू अुलयद : जिसका हाथ कट गया हो

मक्तूव : लिखित

मक्तूम : छिपा हुआ

मक़्तूल : जिसे कत्ल कर दिया गया हो

मक़्तूलो मजूह : जो कत्ल हुए और जो हुए हताहत

मक़्दूर : शक्ति बल जोर सामर्थ्य
मक्वातीस : चुबंक, आकर्ष
मक्नूज़ : छुपाकर रखा जाने वाला खजाना
मक्नूद : मीठी वस्तु
मक्नून : रहस्य मन की बात मंशा
मक्नूने खतिर : दिल का भेद
मकफ़ू : पल्टा हुआ औंधा
मक्फूल : रेहन राखा हुआ
मकबूजः : मिल्कियत
मक़बूल : सर्व प्रिय, हर दिल अजीज, पसंदीद
मक्बूले बारगाह : ईश्वर का प्यारा
मक़ : छल, धोका ठगी
मकुमत : कृपा, दया प्रतिष्ठा
मकरूक़ : बह माल जो कुर्क हो गया हो
मकरूज़ : कर्जदार
मक़रून : समीप, पास
मकूब : दुखित गमगीन
मकूह : घृणित, जिसे देखकर घिन आये
मकूहात : व्यर्थ के काम घृणित वस्तुऐं
मकूहाते दुनयवी : दुनिया के झगड़े
मक्लूब : उल्टा हुआ
मकशूफ : व्यक्त, जाहिर
मक्सूब : कमाया हुआ, पैदा किया हुआ
मक्सूद मिनहः : जिससे मतलब हो
मक्सूह बिज्जात : वह वस्तु जिसकी वास्तविक इच्छा हो
मक्सूम : विभाजित, वटा हुआ
मक़सूर : छोटा किया गया हो

मक़हूर : जो कोप का पात्र हो, दैव कोप ग्रस्त

मख़र : जिसे दो कोई कोड़ी में भी मोल न ले नाचीज, तुच्छ

मख़ादीम : प्रतिष्ठित जन

मखाफ : खतरे की जगह

मखाफत : भय त्रास

मख़ीज : छाछ, मठ्ठा

मख़्ज़न : गोदाम, खजाना

मख्ज़ून : गढ़ा हुआ, गुप्त

मख्जूल : अपमानित, जलील

मख़्तूब : जिस लड़की की सगाई हो गयी हो

मख़्तूर : जान जोखिम में डाला हुआ

मख्तूरात : दिल में उत्पन्न होने वाल विचारा धाराएं

मख्दूम : स्वामिनी, मालिक

मख्दूश : धोखेबाज, डरावना

मरब़ूक : जिसका गला घोटकर मारा गया हो

मख़्वूत : जिसका दिमाग खराब हो

मखूरूस : छिला हुआ फल

मख़्लूत : मिश्रित मिला जुला

मखसूर : नुकसान पहुंचाया हुआ

मख़्सूसन : खासतौर पर, मुख्यतयः

मगंस : मक्खी

मग़्ज़ेसुखन : बात का सार

मग़रिव : सूरज डूबने की जगह

मग़लूक : वह दरवाजा जिसके किबाड़ बंद हो

मग़लूब : पराजित, हाराहुआ

मग़्शूश : मिलावट वाली चीज़

मजम्मत : तिरस्कार, बेइज्जती

मज़र्रत : हानी, नुकसान

मजल्लः : अख़्वार , समाचार पत्र

मजाज़ : भ्रम जो वास्तविकता न हो

मजाल : बल, साहस, हिम्मत

मजाले सुख़न : बात करने का साहस

मजाहिब : धर्म समूह

मज़िल्लत : रास्ता महकने का स्थान

मज्दूद : बुजुर्ग, पुनीतआत्मा

मज्मअे आम : साधारण लोगों का जमाव

मज्मून : निबंध लेख

मज़रूअ : जोता, बोया हुआ

मज्लिसे कानून साज़ : विधानसभा, कानून बनाने वाली एंसेम्बली

मज्लिसे मय : पान गोष्ठी

मज्लिसे शूरा : मंत्रणालय

मज्लिसे शुअरा : कवि गोष्ठी

मजिल से सुख़न : मज्लिसे शेअर

मताअे आख़िरत : पुण्य अच्छे काम

मताअे दिल : दिल रूपी पूँजी

मतानत : गंभीरता, धीरता

मताब : गूँज प्रति ध्वनि

मतीन : संजीदा

मतअून : कुख्यात, वदनाम

मतअूब : सताया हुआ

मव्वख : रसोई घर, पाकशाला

मतवूअ : मुद्रित छपी हुई

मत्लूबः : वाछिंत वस्तु

मददे मआश : गुज़ारेक लिये सहायता
मदारिज : रूतवे, दर्जे, पद
मदाल : तमगा, पदक
मदीद : दीर्घ लंबा
मदख़ूलः : रखेल उपपत्नी
मद्दे मुकाविल : प्रतिद्वंन्दी
मद्दो जज़र : ज़्वार भाटा
मदखिन : धुआँ निकलने की की जगह, चिमनी
मदूफन : मुर्दे के दफ्न होने की जगह
मदूरूस : पागल पुरानी वस्तु
मदूह ख्वानी : प्रशंसा करना
मदहून : तेल लगा हुआ, गीला
मदहे बेजा : गलत तरीफ़
मदहे वाकिआई : सच्ची तारीफ़
मनाख़ : जलवायु, सोने का स्थान
मनांत : मक्सद, उद्देश्य
मनाया : अमानत धरोहर
मनास : भागने का स्थान
मनिश : प्रकृति स्वभाव, तवीअत
मनीयत : मृत्य, मरणा, मौत
मन्फ़ी : मिटाया हुआ, रद किया हुआ
मनहूब : लुटा हुआ
मनहूज : लोभी लालची
मफाज़ : मंजिल, मकाम
मफ़ाद : लाभ, फायदा, नफ़ा
मफदे मिल्ली : राष्ट्रीय हित
मफ़सिद : उत्पात, दंगे, दोष

मफ़्रूज़ः : काल्पनिक बात, वहम

मफ़्रूज़ात : तीर के तुक्के

मफ़रूर : भागा हुआ अपराधी, वारंटी

मफ़्रूश : पर्श विछौना

मफ़्लूक : दरिद्र, मुफिलस

मफ़्लूज : जिस पर फालिज गिरा हो

मफ़सद परदाज़ : दंगा, फसाद कराना

मवीअः : विकी हुई चीज, खरीदी हुई चीज

मब्जूल : वख़्शा गया

मबतून : बड़े पेटवालों

मबूनी : जिसकी नींव रखी गयी हो

मबरूर : जिस पर ईश्वर की कृपा हो

मबरूज : जिसे स्वेत कोढ़ हो

मक़्लग़ : सीमा, हद

ममात : मृत्यु, मरण

ममालिक मुत्तहद : वह देश जो मिलकर, एक हो गये

ममालिके मफ्तूहः : बह देश जो लड़ाई में जीते गये हो

ममालीक : गुलाम लोग

मम्नून : कृतज्ञ, आभारी

मम्लूक : दास, गुलाम

मये अंग्वी : शहद की शराब

मय दो शीनः : रात की बची हुई वासी शराब

मरजे भौहलिक : वह रोग जो प्राण लेकर पीछा छोड़े

मराम : इच्छा आशा

मरारत : कड़वाहट, कटुता

मरासिम : प्रेम व्यवहार

मरिस : हकीम

मरीद ः अवज्ञाकारी, अहंकारी

मर्कज़ ः राजधानी

मर्कव ः वाहन सवारी

मर्क्म ः लिखित लिखा हुआ

मर्ग ः मृत्यु मरण

मर्ग़ ः टूब, घास, दूर्वा

मग़ूब ः रूचिकर पसंदीद

मग़ूलः ः टेढ़ा मेढ़ा पेचदार

मर्गे जवानानः ः जवानी की मृत्यु

मर्गे तबअी ः वह मृत्यु जो ठीक समय पर आये

मर्गे नगाहाँ ः वह मृत्यु अचानक आ जाये

मर्गेनौ ः नयी घटना

मर्जे जोश ः एक वनोषधि

मर्जे बान ः किसान, काश्तकार

मर्जेवूम ः देश, वतन

मर्जूम ः जिसे पत्थरों से मारा जाये

मर्जूह ः पराजित, हारा हुआ

मर्त ः वंजर भूमि

मर्तबः ः पद दर्जा

मर्तबान ः आचार दानी

मर्दक ः अधम, नीच

मर्द फ्गन ः वलवान, यौद्धाओं को पछाड़ने वाला

मर्द बचः ः आदमी का बच्चा

मर्द वच्च ः अच्छे बुरे आदमी की परख रखने वाला

मर्दाने खुदा ः महात्मा लोग

मर्दुम आजार ः लोगों को सताने वाला

मर्दम आमेज ः लोगों से मिलकर रहने वाला

मुर्दमक : आँख की पुतली

मर्दुमकुशी : मनुष्य को मार डालना

मुर्दमख़ेज : वह स्थान जहां प्रतिष्ठित व्यक्ति पैदा होते है

मर्दुमज़न : जल्लाद

मर्दुमदारी : सुशीलता सद व्यवहार

मर्दुम बेज़ार : मनुष्यों के साथ बैठने से घबराता हो

मर्दुम शनासी : अच्छे बुरे आदमी का पहचानने वाला

मर्दुमे दीदः : आँख की पुतली

मुर्दूद : वहिष्कृत बाहर निकाला हुआ

मर्दूदे बारगाह : वह व्यक्ति जो बड़े स्थान से निकाला गया हो

मर्द आखिरवी : वह व्यक्ति जो परिणाम देखकर कोई काम करे

मर्दे आदमी : सज्जन व्यक्ति

मर्फ़ू : रफू किया हुआ

मर्बित : जानवरों के बांधने का स्थान

मर्सियः रव्वाँ : शोक गाथा गायक

महब : खुला हुआ स्थान

महवा : बहुत खूब शबाश

महलः : मंजिल

महून : वह वस्तु जो गिरवी रखी हो

महूने मिन्नत : शुक्र गुजार

मलंग : वेफ्रिक्रा

मलक : शौक, रूचि

मवीज : मनक्का

मव्वाज : मौजे मारता हुआ

मशामेजाँ : आत्मा

मशी : चलना टहलना

मशीद : मज़बूत किया हुआ

मशीब : बाल सफेद होना

मशूम : मनहूस

मश्कूक : जिसमें शक हो

मश्के सुखन : काव्य रचना का अभ्यास

मशूगलेः : व्यापार, रोजगार

मशगूफ : जिसके दिल में बात बैठ गयी हो

मशूब : पीने वाली वस्तु

मशुहन : विस्तार पूर्वक

मशलूल : अपाहिज

मशहून : जो भरा गया हो, परिपूर्ण

मसर्रत अंगेज : खुशी बढ़ाने वाला

मसल : कहावत

मसाअद : लिफ्ट

मसाइब : मुसीबते कठिनाईयां

मसाद : आखेट स्थल

मसाफ़ : युद्ध, जंग, लड़ाई

मसाफ़त : दो स्थानो की दूरी फासिला

मसारिफे ख़नगी : घर का खर्च

मसून : महफूज

मसूबत : नेकी का बदला

मसअलत : पूछना, प्रश्न करना

मस्कः : मक्खन

मस्कून : आबाद

मस्ख : विकार, बिगड़े हुए रूपवाला

मस्खर : हसोड हसी ठट्टे वाला

मस्तूर : छिपा हुआ, गुप्त

मस्तूल : जिसमें झड़ा बांधते हैं

मस्ते अलस्त : जो प्रकृति से मस्त हो

मस्नूई : बनावटी, अप्राकृतिक

मसलब : दोष का स्थान

मस्लूक : जिसके साथ उपकार किया हो

मसाबा : ठिकाना, आवास

महलसरा : जनान खाना

महल्ले ख़तर : जान जोखिम का स्थान

महवश : चाँद जैसी आभा

महाज : मुकाबले या लड़ाई का स्थान

महाब : डराव़नी जगह

महाबत : आंतक, रौब, बुजुर्गी

महालः : उपाय यत्न

महाल्ल : दण्डनीय

महाश : घर का सामान, धन दौलत

महासिल : आय, आमदनी

महीब : भीषण, भयानक

महीबुल जुस्त : भीम काया

महीबुलशक्ल : जिसकी सूरत डरावनी हो

महीब बस्सौत : जिसकी आवाज भयानक हो

महकमे दिफाअ : रक्षा विभाग

महकमे निश्रो इशारअत : प्रचार विभाग

महकूक : छीला हुआ, कटाफटा

महकूमी : दासता गुलामी

महज़र : उपस्थित होने का स्थान

महजूँ : शोकान्वित, गमगीन

महजूज : हर्षित, प्रसन्न

महजूनियत : उदासीनता

महजूब : पर्दा करने वाली औरत

महजूम : पराजित, परास्त

महजूल : दुबला, पतला

महदूद : सीमित, हदके भीतर

महछे अुलूया : युवराज की माँ हो

महफिले रक्स : नाच गाने का जलसा

महफ़ूफ़ : घेरा डाला हुआ

महबस : कारागार जेल

महमूदः : जिसकी तारीफ की गयी हो

महरूर : गर्म मिजाज वाला

महूलकः : ज्ञात जोखिम का स्थान

महूव : मिटाना, हटाना

महूशर : महाप्रलय किया मत

महशर खिरामी : ऐसी चाल जिससे कयामत आ जाये

महसूल : वह रकम जो माल भेजने में मजदूरी लगे

महसूली : वह भूमि जिस पर लगन देना पड़े

(मा)

मा : नहीं क्या जो कि

मॉदः : थका हुआ, शिथिल

मॉद : बचा हुआ

मॉ दो बूद : रहने सहने का ढंग

मा : जल, पानी, अरक

माइल : आकर्षित, आसक्त, आशिक

माइल अुरूज : धीरे-धीरे तरक्की करने वाला

माइल ज़वाल : अवनति, नीचे की ओर जाता हुआ

माइल बफना : नाश की ओर
माईयत : नमी तरी
माउल कअर् : लोकी का पानी
मउल जुबन : फटे हुए दूध का पानी
माउलवर्द : गुलाब जल, गुलाब अर्क
माऊफ : बिगड़ा हुआ विकृता
माअे, जारी : बहता हुआ पानी
माअे सांनिक : ठहरा हुआ पानी
माकदिर : जो मैला हो अशुद्ध
मकियान : मुर्गी, मुर्गा
माकिर : छल करने वाला, छली
माकूल : खाया हुआ, खराब ग़िज़ा
माकूलात : खाने की चीजे
माख़ूज : पकड़ा हुआ, गिरिफ्तार
माख़ूर : मदीरा शाला, पापीयों का बैठने का स्थान
माखू : बूढ़ा व्यक्ति, तुच्छ असभ्य
मांज़ः : रीढ की हड्डी
माज : चाँद, धार, पानी
माजिद : पुनीत, बुजुर्ग
माजिन : वेबाक, निडर, मसखरा
माज़ी : गुजरा हुआ, भूतकाल
माजूर : प्रतिफलित, सेवा का फल दिया गया हो
मादः : मादा प्राणी
मादक : जनाना हिजड़ा
मादअे अस्प : घोड़ी
मादअे आहू : हरिणी
मादअे तऊस : मोरनी, मयूरी

मादअे फील ः हथनी

मादअे शुतुर ः ऊँटनी

मादरज़न ः सास, ससुर

मादर बखता ः दोगला, हरामी

मादरानः ः माता जैसा

मादरे अल्लाती ः सौतेली माँ

मादरे गेती ः मातृभूमि

मादरे रिजाई ः धाय

मादरे हक़ीकी ः असली माँ

मदाम हलहयात ः जिंगदी भर, सारी उम्र

मादिख़ ः बुजुर्ग, सम्मानित

मादुबः ः भोज

मादून ः अतिरिक्त अलाव

माद्द ः पृक्ति, नेचर

मालजाद ः रडीका लड़का

मालजादी ः वेश्या की पुत्री

माल जामिन ः जमानत देने वाला व्यक्ति

माला युअमी ः वेकार बात, अर्नथ

माला पनहल़ ः वह समस्या जो हल न हो सके

माला पुताक ः शक्ति से बाहर का काम

मालिक कुल मुल्क ः राजा, ईश्वर

मालिक हक़ीक़ी ः सच्चा स्वामी, ईश्वर

मालिख़ ः सौदा सिड़ी

मालिन्दः ः मलने वाला

मालियः ः राजस्व लगान

मालियत ः धन दौलत, कुल कीमत

मालनी ख़ूलिया : विकृत मस्तिष्क

मालीद गोश : चौकन्ना, चौकस

मालूफ़ : जिसे प्रेम हो, जैसे बतने मालूफ

माले अम्बात : लावारिश माल

माले कासिद : खोटा सोना, चाँदी का माल

माले ग़नीमत : शत्रु देश से लूटा हुआ माल

माले ग़ैर मन्क़ूलः : वह सम्पत्ति जो एक जगह से दूसरे जगह ना जा सके जैसे मकान

माले तैयिव : पसीने की कमाई

माले मक्रूक : कुर्की किया हुआ माल

माले मस्त : माल में मस्त

माले महमूलः : वह माल जो किसी सवारी पर लदा हो

माले बक़्फ़ : वह धन जो किसी पर लदा हो जैसे रेल पर किसी खास काम के लिये

मालेह : लवणयुक्त, नमकीन

मालोज़र : धन दौलत

माले साइर : माल गुजारी कस्टम से प्राप्त पैसा

मालौ मताअ : रूपया पैसा और दूसरा समान

माल गुजारी : राजकीय कर

माव जब : जो उचित हो, जैसा मुनासिब हो

मावराअे अक़्ल : बुद्धि की पहुंच से परे

मावाराअे, तैरवयुल : ख्यालयस आगे, कल्पनातीत

मावराअे फ़हम : समझ से बाहर

मावा : रक्षा स्थान, पनाह की जगह

माशिमः : चौपायरया, पशु

मासदक़ : अर्थ मज़मून

मासिख़ : फीका

मासिम : पाप

मासिवल्लाह : ईश्वर के अलावा सब कुछ

मासू : चूसने वाला

माहताब : चन्द्रमा चांद

माहरूख : चांद जैसे महुंवाला या वाली

माहिन : गुलाम, दास

माहिरे खुसूसी : विशेषज़

माही : मछली

माहे का मिल : चौहदवी का चांद

माहे दुहफ्त : चौदहवी का चांद

माहे नौ : नया चांद

माहे मुनीर : पूरा चांद

(मि)

मिंतक़ : पटका, पेटी, कटीबंध

मिंद्रील : कमर व सिर पर वाँधने का रूमाल

मिंशफ़ : अंग पौछने का तौलिया या अंगौछा

मिआ : अंत्र, आँत

मिकास : माल वेचने में देर करना

मिक़ताअ : कैंची

मिकदाम : शूरवीर

मिक्नसः : झाड़ू

मिग़फर : लोहे की फौजी टोपी

मिग़लाग : बल्ले की गेंद

मिग़ूलात : गलत कार्य

मिजाज दांनी : स्वभाव को पहचानना

मिजाहत : खुश, विनोद

मिजदाफ : पतवार

मिजदाऱ : पक्षियों को डराने के लिए खेतों में खड़ा करने वाला पुतला

मिज़ूबर : लिखने की कलम

मिज्मार : बाॅसुरी, मुरली

मिज़राब : सितार बजाने का यंत्र

मितूहन : आटा पीसने की चक्की

मिदाद : रौशनाई, स्याही

मिदूफआ : तोप चलाने वाला

मिदूहत : प्रशंसा

मिनोअन : जैसा का तैसा

मिनूआम : असीम उपकार करने वाला

मिनकाफ : सेख

मिनजार : दूरबीन

मिन्नत पिजीर : एहसान मानने वाला

मिनसात : लाठी डण्डा

मिनहाज : राजमार्ग सड़क

मिबतान : बहुत अधिक खाने वाला

मिम्बर : ऊँचा स्थान स्टेज

मियांजी : एलची दूत

मियाँ बाला : बीच के कद का, नलम्बा न ठिगना

मियने राह : रास्ते का बीचोबीच

मिआर्त : शीशा, दर्पण

मिर्कात : सोपान सीढ़ी

मिज़ोई : भलमंसाई

मिर्फक : तकिया

मिर्फ़क : कुहनी

मिरींह : अति प्रसन्नता

मिर्साद : राजमार्ग, चौड़ा रास्ता

मिलाक : मूल वस्तु, असली चीज़

मिलात : इमारती मसाला

मिलके यमीन : गुलाम

मिलज़ाव : बड़ा कंजूस

मिलूंदम : मूर्ख

मिललत : मजहब धर्म

मिलह : नमक

मिल्हाह : गिड़गिड़ाने वाला

मिशरब : पानी पीने का पात्र

मिसगर : ताँबे का काम करने वाला

मिस्कल : जिसमें तलवार आदि चमकाये जाते है

मिस्तनः : मदिरालय

मिस्वाह : दीपक

मिसवाक : दंतधावन

मिह : बुजुर्ग

मिहार : ऊँट की नकेल

मिह : सूर्य

(मी)

मीआद गाह : वह स्थान जहां मिलने का वादा हो

मीआद मुअमिन : नियत समय

मीजन : मस्जिद में अजान देने का स्थान

मीज़ान : तराजू, तुला

मीना : शराब का जग

मीनाअे लाजवर्द : आसमान

मीना वदोश : कंधे पर शराब का कटर

मीन असास : स्वर्ण जैसा सुन्दर

मीर : नायक, सरदार

मीर अर्ज : राजा के सामने लोगों की अर्जी रखने वाला

मीर आख़ुर : अश्व शाला

मीर जाई : सरदारी, शहजादगी

मीरजा मनिश : शरीफ

मीर तुजुक : सेना का प्रबंध करने वाला सेनानायक

मीर बख़शी : वेतन बाँटने वाली

मीर महल्लः : महल्ले का चौधरी

मीर मुंशी : दफ्तर के सब क्लर्को का नायक

मीर मैदाँ : वीर, शूर

मीर सामाँ : खान सामाँ

मील : सुरमा लगाने की सलाई

मीलादी : हजरज, मुहम्मद साहब के जन्म तिथि से चालू होने वाला साल

मीसाक : प्रतिज्ञा, अहद वादा

(मु)

मंजिद् : मददगार

मुंज़िर : डराने वाला

मुंजी : नजात दिलाने वाला

मुंतक़िम : वदी का बदला लेने वाला

मुतखबात : पुस्तक द्वारा संकलित गद्य पद्य पेश करना

मुंतजिर : इंतजार करने वाला

मुंतफी : नष्ट होने वाला

मुंतब्रिक : चरितार्थ, ठीक ठाक घटित होने वाला

मुंतशिर : परेशान, तितर वितर

मुतेसिव : सम्बन्ध

मुंतही : पराकाष्ठा

मुतिज़ : फल देने वाला

मुतिन : बदबूदार

मुंदरिज : लिखित, दर्ज

मुदरिस : फटा पुराना कपड़ा

मुंशिअव : शाखों में वटा हुआ, मुतशिर

मुंसारिम : प्रबंधक इंतिजामा करने वाला

मंसलिक : पिरोया हुअः नत्थी

मुअ क्किद : गाँठ लगाने वाला

मुअक्कर : पूज्य जिम्मेदार, मान्य

मुअज़्ज़ज़ : प्रतिष्ठित सम्मानित, मोहतरम

मुअज्जिन : मस्जिद में अजान देने वाला

मुअज़्ज़िब : पाप दंड देने वाला

मुअज्ज़िर : आपत्ति करने वाला

मुअज्जिल : जल्दी करने वाला

मुअत्तर : खुशबू में बसा हुआ

मुअत्तिश : जिसके खाने बाद प्यास लगे

मुअद्दी : पहुंचानेवाला

मुअम्मर : वयोवृद्ध

मुअय्यन : निश्चित, नियत, मुकर्रर

मुअर्वद : कटु स्वभाव वाला, लड़ाकू

मुअरिफ : प्रशंसक, परिचय कराने वाला

मुअल्लक : बीच में लटकी हुई चीज

मुअल्लफात : संपादित की हुई पुस्तकें

मुअल्लिमः : पढ़ाने वाली, या पढ़ाने वाला

मुआस्सिस : नींव रखने वाला

मुआ कलत : साथ-साथ खाना-खाना

मुआखजः : अपराध की पकड़

मुआ ख़ात : भाई चारा, विरादरीयपन
मुआजनः : तुलना समानता
मुआज़िद : सहायक हिमायती
मुआतफ़त : कृपा अनुग्रह, दया
मुआतबत : परस्पर क्रोध करना
मुआतात : देना, अता करना
मुआतिब : क्रोध करने वाला
मुआदात : परस्पर शत्रुता
मुअदिल : न्याय करने वाला, मुन्सिफ
मुआनकः : गले मिलना
मुआनिद : शत्रु बैरी
मुआनिस : मित्र, सखा
मुआमरत : परस्पर सलाह मशबुरा
मुआमल : परस्पर मिलकर कोई काम करना
मुआमलः दानी : मुअमला समझकर काम करना
मुअमल नादाँ : बिना समझे कार्या करना
मुआमलात : पारस्परिक व्यवहार
मुआ मलाते खानगी : घरेलू झगड़े
मुआमलाते खुप्य : गुप्तबातें रहस्य
मुआरिज : कलह झगड़ा करने वाले
मुआलफत : परस्पर मैत्री
मुआलिज : इलाज करने वाला
मुआसिर : समकालीन लोग
मुआहद : आपस में मिलकर कोई प्रतिज्ञा करना
मुईन : सहायक मददगार
मुअैयन : नियत, निश्चित
मुअतकिफ़ : एकान्त में ईश्वर की इबादत

मुकज्जब : जिसकी बात झूठ सवित किया गया हो

मुक़द्दमः : वाद-नालिश दावा

मुक़दरात : तकदीर की बातें

मुक़द द्दस : पवित्र, पाक चीज

मुकय्यश : सोने चांदी के तारो का बना हुआ कपड़ा

मुकर्रम : प्रतिष्ठित, पूज्य

मुकर्रर : पुनः फिर दुबारा

मुकल्लल : ताज पहने हुए, टोपीदार

मुक़ल्लिब : पलट देने वाला, फेर देने वाला

मुआहिद : एग्रीमेंट करने वाला, प्रतिज्ञा करने वाला

मुअीन : सहायक मददगार

मुअैयनः : नियत, निश्चित

मुकहु हल : आंखों में सूरमा लगाये हुए

मुकातबत : आपस में खतो कितावत

मुक़ातिल : हिंसक कत्ल करने वाला

मुकाफ़ात : बुराई का बदला

मुकारात : किराये पर उठान

मुकारिम : दान में बराबरी करने वाला

मुकालमः नवीस : नाटक आदि में डायलाग लिखने वाला

मुकीत : अन्नदाता, रेंजी देने वाला

मुक्तज़ : तकाजा, माँग

मुक्ताऎं फितरत : स्वभाव का तकाजा

मुक्ततम : गुप्त छिपा हुआ

मुक्तनिफ : एकान्तवासी, निवृत

मुक्तफ़ी : पीछे से आने वाला

मुक्त सिब : कमाने वाला, उपार्जन करने वाला

मुक्तसिर : कम करने वालें

मुक्तहिम : अत्याचारी, जालिम

मुक्नत : शक्ति, ताकत, घनाढ्यता

मुख़र्ब : ध्वस्त नष्ट, बरवाद

मुखातिब : सम्बोधन कर्ता, बोलने वाला

मुख़ लतत : घनिष्टता, अधिक मेल-जोल

मुख़ सिम : शत्रु, दुश्मनी

मुख्त फी : गुप्त छिपा हुआ

मुख्तर आत : अविष्कृत वस्तुऐं

मुख्तलिफ़ : विभिन्न दूसरे प्रकार का

मुख्तसर : न्यून थोड़ा

मुख़्तारी : कलेक्ट्री और तहसील

मुख्तारे मुत्ल्क : मुख़्तारे आम

मुखरिज : निकालने वाला

मुख़्लिस : जिसमें कोई बनावट न हो

मुगन्नी : गानेवाला, रागी गायक

मुगाज़लत : परस्पर बैठकर कविता कहना

मुगालतः : धोखा छल, फरेब

मुग़ैर : लूटने वाला, डाकू

मुगवी : बहकाने वाला

मुचल्का : वह प्रतिज्ञा पत्र जिसमें आगे अपराध करने पर पैसे देगा

मुचीदन : अठलाकर चलना

मुज्जफर : जीता हुआ

मुज फ़िफफ : सुखाने वाला

मुजज्जव : दुविधा में पड़ा हुआ

मुज़य्यन : सुसज्जित

मुज़य्यब : सुन्दर, शोभित

मुजर्रद : एकाकी, अकेला
मुजर्रब : वह बात जो आजमायी जा सके
मुज़ल्लफ़ : जुल्फो वाला
मुजल्ला : प्रकाशमान दीप्त
मुजुल्ली : रोशन करने वाला, प्रकाशक
मुजव्वजः : निश्चित
मुजव्वफ : अन्दर से खाली
मुजव्विज़ : निर्णय करने वाला
मुजस्समः : प्रतिमा मूर्ति
मुजस्सम : साकार मूर्तिमान
मुजहहव : सोने का पानी चढ़ा हुआ
मुजाकर : आपस की बातचीत
मुजादलः : युद्ध लड़ाई मुवाहसा
मुज़ाफ : जोड़ा गया
मुजाफ़ात : नगर के आसपास का हिस्सा
मुज़ावजत : विवाहः निकाय
मुजाविरी : दरगाह आदि की सेवा
मुजाहक : आपस में हॅसी मजाक करना
मुजाहद : तपस्या इबादत
मुजाहलत : मूर्खता की बाते करना
मुजहिर : आमने सामने लड़का
मुज़िल : गुमराह करने वाला
मुजीव : जबाव देने वाला
मुज्द : शुभ सूचना
मुज्मर : गुप्त छिपा हुआ
मुत अज्जी : कष्ट ग्रस्त, क्लेश पाने वाला
मुत अज्जिर : कठिन दुष्कर

मुत अहिद्द : प्रतिज्ञा करने वाला
मुत अहिहल : बाल बच्चों वाला विवाहित
मुत आरिज : एक दूसरे का विरोध करने वाला
मुत आरिफ : परिचित
मुतआल : सम्मानित प्रतिष्ठत
मुतकब्बिर : अभिमानी
मुतकल्लिफ : तकल्लुफ करने वाला
मुतकाजी : तकाज़ा करने वाला
मुतकासिफ : ठोस दवीज गाढ़ा
मुत ख़य्यिल : कल्पना शक्ति
मुत ख़ल्लिक़ : सदाचार सुशील
मुतख़ल्लिस : तखल्लुस रखने वाला
मुतजव्विजवः : दुविधा में पड़ा हुआ
मुतजस्सिस : खोजी जिज्ञासु
मुतदाय्यिन : दियानतदार, ईमानदार
मुतनाफिर : आपस में घृणा करने वाला
मुतफ़न्नी : धुर्त, ठग, चालाक
मुतबन्ता : गोद लिया हुआ लड़का
मुतवाइन : एक दूसरे के बिलकुल विरूद्ध
मुत वादिर : तुरन्त समझ में आने वाला
मुतमन्नी : तमन्ना करने वाला, अभिलाषी
मुत मल्लिक : खुशामदी, चाटूकार
मुतभव्विल : मलदार, घनाढ्य
मुतरक्कब : जिसकी आस हो
मुतरन्निम : गायक जिसकी आवाज, सुरीली हो
मुतर्जिम : अनुवादक, तर्जुमा करने वाला
मुतलब्तिफ : कृपा करने वाला

मुतशाइर : झूठमूठ का शायर बनने वाला

मुत सद्दी : प्रबंधक मुतजिंम

मुत हारिव : आपस में लड़ने वाला

मुताअ : जिसका हुक्म माना जाये

मुतिअ : आज्ञाकारी, फरमाबरदार

मुत्की : सहारा लेने वाला

मुत्फ़िक़ : इत्तिफक करने वाला, सहमत

मुत्तहदुल खयाल : एक विचार वाला

मुत्तहफ़ : जिसे पुरस्कार दिया गया हो

मुत्तहम : जिस पर झूठा आरोप हो

मुतरिब : गायिका या गायक

मुत्लिफ़ : बरबाद करने वाला, खराब करने वाला

मुदक्किक़ : बाल की खाल निकालने वाला

मुदब्बिर : निर्पुण, राजनीतिज़

मदर्रिस : पढ़ाने वाला अध्यापक

मुदव्वर : गोलाकार, वृताकार

मुदाखलत : दख्ल अंदाजी

मुदारात : खतिर तवाजो, सम्मान

मुदाबात : चिकित्सा, उपचार

मुदीर : संपादक

मुद्दते हयात : पूरी जिन्दगी जीने वाला

मुनक्कश : जिस पर वेल बूटे बने हो

मुनक्कह : जिसमें से झूठी बात निकल दी हो

मुन गग़िस्र : मैला करने वाला अप्रसन्न करने वाला

मुनज्जिल : नीचे उतारने वाला

मुनब्वर : उज्जबल, प्रकाश मान

मुनशूशी : नशा पैदान करने वाली चीज

मुनाकजः : एक दूसरे की बात को काटना
मुनाकहत : आपस में शादी करना
मुनागात : लोरी
मुनादमत : पास बैठना
मुनादी : एलान करने वाला, पुकारने वाला
मुनाफ़अत : लाभ होना, प्राप्ति
मुनाफ़कत : दिल में कुछ और जवान में कुछ
मुनाफ़रत : नफरत घृणा
मुनाफ़ात : एक दूसरे को बरबाद करना, एक दूसरां को अलग करना
मुनाफिर : घृणा करने वाला
मुनाफी : प्रतिकूल उल्टा, मुखालिफ
मुना सबत : संबंध, लगाव
मुना सरत : एक दूसरे की सहायता करना
मुना सहत : नसीहत देना, उपदेश देना
मुना हदत : लड़ना, शत्रुता करना
मुनीफ़ : पवित्र, पाक
मुनीब : प्रतिनिधि
मुनीर : उज्जवल, प्रकाशमान
मुन्अतिफ : फिरने वाला, आकृष्ट होने वाला
मुनिअम : इनाम देने वाला, नेमते देने वाला
मुक़न्ज़ी : गुरजने वाला, समाप्त
मुन्कदिर : मलिन, मैला
मुन्कर : घृणित, खराब निकृष्ट
मुन्कसिम : विभाजित, तक्सीम
मुन्कसिर : नम्र, विनीत, शीलवान, अख़्लाक
मुन्काद : आज्ञाकारी, ताबेदार

मुन्कुलः : अंगीठी, अंगार धानी
मुन्खफिज़ : पस्त अवनत
मुनूगमिस : पानी में डूबा हुआ
मुन्फिअल : लज्जित शर्मिंदा
मुन्फरिज : विस्तृत विशाल, चौड़ा
मुनहजिम : जो हज्म हो गया हो
मुन्हदिर : ऊपर से नीचे उतरने वाला
मुनहनी : दुबला, पतला
मुनहरिफ : विमुख
मुफ़क्किर : विचारक, सोचने वाला
मुफख्खम : प्रतिष्ठित, सम्मानित
मुफख्खर : जिस पर सब गर्व करें
मुफातिन : उपद्रवकारी धुर्त
मुफतिश : तफतीश करने वाला
मुफ़स्सिल : स्पष्टीकरण करने वाला, तफ्सील बताने वाला
मुफाख़रत : गर्व, डींग, शेखी
मुफाजात : एकाएक, अचानक
मुफारिक : जुदा होने वाला, पृथक जुदा
मुफ़ाहमत : फैसला, एक दूसरे को समझाना
मुफ़्तकिर : द्ररिद, कंगाल
मुफ्तबर : दूसरों का माल मारने वाला
मुफ्तरिक : फूट डालने वाला
मुफ्तरी : झूठा आरोप लगाने वाला
मुफ्त सितानी : बेदाम दिये चीज का छीन लेना
मुफ्ती : फतवा देने वाला
मुवज्जिर : अधिक खर्च करने वाला
मुबर्रा : बरी किया हुआ

मुवल्लिग़ : प्रचार करने वाला

मुबशिशर : शुभ सूचक

मुवादरत : फुरती दिखाना, बीरता

मुबादलः : आदान, प्रदान

मुबालगः : बात को बढ़ा चढ़ा कर करना

मुवालातः : किसी बात से डरना

मुवाहसः : तर्क वितर्क

मुबीन : स्पष्ट

मुव्तलाए आफ़त : आफतों में फंसा हुआ

मुव्तसिम : मुस्कराने वाला

मुब्तिल : खण्डन करने वाला

मुम्ताज़ : प्रतिष्ठित, सम्मानित

मुक्तिर : बरसने वाला बादल

मुम्बी : खबर देने वाला, संवाददाता

मुरब्बी : पालने वाला, अभिभावक

मुरम्मिम : संशोधनकर्ता, तर्मीम किया हुआ

मुराझी : रियात करने वाला

मुरागबत : इच्छा अभिलाषा

मुराफ़क़त : हमराही मैत्री, दोस्ती

मुरांसलत : पत्र व्यवहार, खतो क़िताबत

मुरूरे अय्याम : वक्त गुजरना

मुर्गकफ़स : वह चिड़िया जो पिजरे में बंद हो

मुर्गेनाभःवर : खत ले जाने वाली चिड़िया

मुर्तजा : रोचक, मन वांछित

मुर्दगाँ : भरे हुए लोग

मुर्शिदे जाद : धर्म गुरू का पुत्र

मुर्शिदे कामिल : पहुंचा हुआ पीर

मुलूक : बादशाह लोग

मुल्क गिरी : दूसरो देशों को जीतना

मुल्के अद्रम : यमलोग, पर लोक

मुल्तक़ित : रफू करनेवाला

मुल्तहिम : आंख का पर्दा

मुलुहिद : नास्तिक

मुवाज़रत : मंत्री का पद ग्रहण कराना

मुवाज़ी : बराबर, बराबर

मुवादअत : एक दूसरे विदा होना

मुवाहिन : आलसी, काहिल

मुश्व्वह : जिसकी दूसरी चीज से उपमा दी जाये जैसे मुख की चांद से

मुशय्यन : शानदार रोब दाबवाला

मुशर्रफ़ : सम्मानित इज्जत दिया गया

मुशाकलत : एक जैसी शक्ल होना

मुशाजरत : मुखालफत, प्रतिकूलता

मुशीर : सलाहकार

मुश्त : घूँसा, मुठ्ठी भर चीज

मुश्ताक़ : अभिलाषी, उत्सुक

मुश्ताक़े दीद : दर्शन अभिलाषी

मुसव्वर : सचित्र, तस्वीर बना हुआ

मुस्तक़िल मिज़ाज : दृढ स्थिर निश्चयी

मुस्तल्की : चित्त लेटो हुआ

मुस्तहक : हक रखने वाला

मुस्तहान : अपमानित, तिरस्कृत

मुस्तहलक : नष्ट, बरबाद

मुस्तेजिबे सजा : सजा के लायक

मुस्वत ः साबित किया हुआ
मुस्मन ः पैदाइशी मोटा ताजा
मुहर्रम ः हराम अर्थात निष्ट किया हुआ, इस्लामी महीना जिसमें पहले अरब में इस माह में रक्तपात हराम था
मुहाजिर ः घरबार, त्यागकर, परदेश में रहने वाला
मुहाल ः असंभव, दुष्कर, कठिन
मुहीलः ः धोखेबाज, छली
मुहमल गो ः बकवासी, फिजूल की बातें
मुहसिन ः उपकार करने वाली या वाला

(मू)

मू ः बाल,केश
मूईन ः वालोदार खाल का पहनने का वस्त्र
मूकलम ः चित्रकार की कूँची
मूजिद ः अविष्कारक
मूजज़ ः मुख्तसर, साररूप
मूजी ः कष्ट देने वाला
मूतभिर ः आज्ञाकारी
मूतमिन ः अमानतदार
मिनिस ः मित्र, दोस्त
मूबमू ः हर्फ ब हर्फ
मूमा ः जिसकी ओर संकते किया जाये
मूरिस ः बापदादा
मूशक दवानी ः लगाई बुझाई तुतरापन
मूशिगाफी ः बाल की खाल निकालना
मूशे कोर ः छछूँदर
मूशे खुर्मा ः गिलहरी
मूशे दश्ती ः जंगली चूहा

मूशे पर्रा : चमगादड़

मूसा : एक पैगंबर

मूसा : वसीयत किया गया

मूसिर : स्वार्थ त्याग करने वाला

मूसिर : शक्तिशाली, दौलतमंद

मूहिन : अपमान करने वाला

(मे)

मेख़ : कील, खूटी

मेखदोज़ : निकम्मा जो खाली बैठा रहे।

मेश : भेड़

मेशचश्म : काली आंखो वाला

मेह : प्रेम मुहब्बत प्यार

(मै)

मैं : सुरा, हाला, शराब

मैं आशाम : शराब पीने वाला

मैकदः : मै खान

मैकश : शराब पीने वाला

मैखुश : खट्टामीठा

मैगॅू : शराब जैसा लाल रंग

मैतः : मरा हुआ

मैदान अमल : कार्य करने का स्थान

मैदाने कंलम : कलम का वह हिस्सो जो तराशा जाये

मैं दाने हश : कियामत का, मैदान

मै नोश : शराब पीने वाला

मै परस्ती : बहुत शराब पीने वाला

मै मनत : कल्याण, भलाई

मै मून : मुवारक, शुभ

मैल : रुचि, रूझहान
मैलाने तबूअ : तवियत का झुकाव
मैसाजी : शराब बनाने वाला
मैसूर : सुगम सरल

(मौ)

मौ अिजत : सदुपदेश, नसीहत
मौ अिदत : प्रतिज्ञा वचन
मौकूफ़ : स्थगत मुल्तवी, बर्खास्त
मौजख़ेज : नदी दर्या
मौजज़न मौजे मारता हुआ
मौजूँ : उचित, मुनासिब
मौजूअ : रखा हुआ विषय, सबजेक्ट
मौजे तबस्सुम : मुस्कुराहट की लहर
मौजे नसीम : सबेरे की हवा
मौता : मरे हुए लोग
मौतिन : जन्मभूमि, वतन
मौसमे ख़जाँ : पतझड़ का मौसम
मौसिम गुल : बसंत रितु
मौसिम वाराँ : बरसात का मौसम
मौसिमे सर्मा : जाड़े का समय
मौहुब : बख़्शिश किया गया
मौहूम : केवल भ्रम जो चीज अस्तित्व में न हो

(य)

यंग : विधान कानून परम्परा

यंगा : भाई की पत्नी चाचा की पत्नी

ययाबीव : बहुत तेज चलने वाले , घोड़े नदियों तेज चलने वाली धार

यआसीब : शहद की मक्खीयाँ

यऊस : निराश, हताश

यक क़लम : विलकुल

यक चश्म : समदर्शी

यकज़बाँ : सहमत एक राय

यकजाँ : एक जगह, एकत्र, शामिल

यकतन : एकाकी तनहा

यकतायेफ़न : अनुपम, अद्वितीय

यकदक : गुनगुना

यकदस्ती : समानता

यकदिश : दोगला

यकनफसी : सहचारता साथ

यक निशस्त : साथ उठने बैठने वाला

यक बग़ल : बहुत बड़ी मात्रा

यज्न : बहनोई

यताकी : चौकीदार

यदुल्लाह : ईश्वर की साहयता

यदैन : दोनों हाथ

यफ़न : जो बूढ़ा सठया गया हो

यब : बूढ़ा

यबाब : बरवाद, ध्वस्त

यल्गार : आक्रमण चढ़ाई

यसरः : वे लिपिया, जोड़ उल्टे हाथ की तरफ से लिखी जाती है जैसे हिन्दी अग्रेंजी

यसूर : वायी तरफ उल्टी और

(या)

या : सबोधन का शब्द, जैसे हे, ऐ, ओ

यअसफ़ा : हाय अफसोस

याकिस्मत : हायर बुरे भाग्य

याकूते सय्याल : लाल शराब

यागी : बागी राजद्रोही

याजः : कँप कँपी

याजिंद : इच्छा करने वाला

याद फरामोश : जिसको याद न रहता हो

यान : बकवास, मिथ्यावाद

याफःदिराई : झूठ बोलना, डींग मारना

याफर : बाज़ीगर

याफ्त : लाभ प्राप्ति, आमदनी, रिशवत

याब : प्राप्त होने वाला, मिलने वाला

याबस : शुष्क मिजाज

यामी : रोग, बिमार

यारफरोश : मित्र की प्रशंसा करने वाला

यारीगर : सहायक, मददगार

यारीयावरी : सहायता, मदद

याल गूपाल : शनो शौकत

याव कारी : व्यर्थ के कार्य करना

यास्ना : मृत शो, मातम

(यि)

यिम : भोजन, खुराक

यि र्लींग : राजादेश फर्मान

(यी)

यील : वर्ष, साल

यीलाक : ग्रीष्म काल में रहने का ठण्डा स्थान

यीलान : सर्प साँप

(यु)

युक : समीप निकट

युराश : प्रस्थान, कूच

युर्तग : मकान, पड़ाव

युल : राह, रास्ता

युल्मः : पशुओ की सानी

युसुर : सुगम होना, जुआ खेलना

(यू)

यूर्क : बह पोटली जिस पर नान रखकर तन्दूर में लगाते
हैं।

यूजः : पेड का तना

यूज़ः : एक सौ शत

यूफ़ी : बकवासी वाचल

यूसूफ सिफ़ात : युसुफ जैसे गुणवाला

युह : सूर्य रवि

(यो)

योय : इच्छा इरादा

(यौ)

यौम : दिन दिवस

यौम बफात : मरने का दिन

यौम विलादत : जन्म दिन

यौमे हुसैन : हजरत हमाम हुसैन की शाहदत के दिन का

उत्सव

(र)

रंग अंदाज : रंग डालने वाला

रंग अफशानी : रंग बिखेरना

रंग आमेज : रंग भरने वाला

रंग आमेज़ी : नस्कांशी

रगतरः : संतरा मीठी नारंगी

रंग परीदगी : रंग का फीका पड़ जाना

रंग पाश : रंग छिड़कने वाला या वाली

रंग बस्त : पक्का रंग

रंग शिकस्त : जिसका रंग फीका पड़ गया हो

रंग अंदाम : गेटे शरीर वाला

रंगीअजार : सुर्ख गालो वाला (वाली)

रंगीचेह : रूपवान, सुन्दर मुखवाला

रंगीतकल्लुम : जिसकी बातचीत बहुत ही सुन्दर, कर्णा प्रिय
हो

रंगीनबुअ : खुश मिज़ाज

रंगीनबाई : स्वर माधुर्य

रंनी परीदः : उड़ा हुआ रंग

रंगे शिकस्त : हल्का रंग, फीका रंग

रंगे शीश0 : शराब की बोतल का रंग जो शराब के कारण
हो जाता है

रंजः खतिर : दुःखित हृदय

रंज अफ्ज़ा : दुख वढ़ाने वाला

रंज़क शीदः : जिसने दुख उठाया हो

रंज़दिहिंदः : कष्ट देने वाला

रंजीदनी : दुख मानने योग्य

रंजूर : दुखित, गमगीन, बीमार

रंजो अलम : बहुत अधिक शोक

रंजो मिहन : कष्ट और प्रयास

रआया : प्रजा जन्ता

रंअींयतनवाज़ : प्रजा पर दया करने वाला पालक

रअफ़ : बहुत अधिक दया करने वाला एवं ईश्वर का नाम

रकबः‘ : गर्दन, ग्रीवा

रकमजन : लिपिक

रकाकत : तिरस्कार, वे इज़्ज़ती

रकीक : पिघला हुआ

रकीकुलकल्व : जिसका दिल बहुत ही कोमल हो जो जल्दी पिघले

रकीकुलहरकात : तुच्छ काम करने वाला

रकीदन : क्रोध में बड़बड़ाना

रक़ीब : किसी स्त्री से प्रेम करने वाले दो व्यक्ति रिसिव होते है

रकीम : लिखा हुआ पत्र

रक़ूव : यह स्त्री जो सम्पति के लालच में पति की मौत चाहे

रकू : बुनियाद नीव

रक्ज : दौड़ना

रक्वः : डौंगी

रख़म : गाढ़ा दूध

रखावत : ढीलापन, सुस्ती

रखीस : मंदा, सस्ता

रख़्त : अस्बाब, सामान

रख्ते निजामी : फौजी वर्दी

रख्ते सफर : यात्रा का सामान

ररब्रः : महाहमत रोकू झगड़ा

ररब्र अंदाज : बाधा डालने वाला

रखशः : आग की लपट

रखश : घोड़ा अश्व

रगज़न : खून निकालने वाला

रगाम : पथरीली जमीन

रगीव : लोभी लालची

रगीश : शोर करने वाला

रगे ग़र्दन : अभिमान

रंगे गैरत : स्वाभिमानी

रंगो रेशः : भी तरीहालात

रग्वत : इच्छा अभिलाषा

रग़्म : विपरीत उल्टा

रग़्ल : बच्चे का अपनी माँ का दूध पीना

रजालत : अधमता, नीचता

रंजी : मजबूत, बहुमूल्य

रजी : रूचिकर, मनोनीत

रज़ीअः : (सगी) खास वहन

रजीअ : सगा भाई

रज़ीदन : रंगना

रजंअत परस्त : पसंद

रज्जाक : अन्नदाना पेट भरने वाला

रजूदः : लालची

रज्म : गठरी पोटली

रज़ूदः : लालची, पेटू

रज्फः : भूकंप भूचाल

रज्म : पत्थराव करना

रज़्म : युद्ध, समर, लड़ाई
रज्मगाह : लड़ाई का मैदान
रतब : बीच की ऊंगली
रतम : यादगार
रदी : विकृत दूषित
रदी उलहाल : जिसकी दशा बहुत रद्दी हो
रद्दो खल्क : संसार से ठुकराया हुआ
रद्दोबला : आई हुई बला का टलजाना
रद्दोकद : वाद विवाद, बहस मुवाहसा
रफीक : मित्र, स्त्री, सहचरी
रफीके ह्यात : पत्नी, जीवन साथी
रफूए कलम : वह व्यक्ति इस योग्य न हो कि उस पर कुछ लिखा जा सके
रफ्ज़ : मुश्किल के समय पर अपने स्वामी को छोड़ देना
रफ्तनी : जाने के योग्य
रफ्तारे कदीम : पुरानी चाल, पुराना तरीका
रफ्तो गुजश्त : गया गुजरा
रफ्स : ठुकराना
रबात : मुजाफिर खाना
रबाती : यात्री निवास का संचालन
रबालः : पुटापा
राबीअ : वसंत ऋतु
रवीवः : सौतेली लड़की
रबीब : सौतेला लड़का
रबून : बयाना, अग्रिम धन
रबूवीयत : स्वामित्व, मालिकीयत
रब्त : लगाव-तउल्लक, मेले जोल

रब्ते बाहम : परस्पर अल़जोल़

रब्बानियत : खुदाई

रब्बुन्नौअ : देवता, परिश्ता

रबव : ठिगना, बामन

रमः : भेड, बकरी का गल्ल रेवड़

रम : भगदड़, भागना

रमक़ : अत्यल्प, थोड़ी सी जान

रमकर्द : भागा हुआ, पलायित

रदमे चश्म : आई हुई ऑख

रमाद : चुल्हे की आग

रमीः : मारना, गोली चलाना

रमीज़ : धारदार वस्तु

रमीदंगी : भगदड़ पलोयन

रमीम : पुराना, पुरातन

रम्ज़ : रहस्य, भेद, राज

रज्म आश्ना : भेद जानने वाला

रम्ल : रेत, बालू

रवाँदवाँ : जोर से बहता हुआ

रवाई : चलन रवाज

रवादार : सहन करने वाला, यह सोचने वाला की दूसरे का
दिल न दुखे

रवाफ़िज़ : समय पर छोड़ कर जाने वाला

रवारवी : सरसरी, जल्दी

रवारो : आना जाना चला फिरी

रविश : अचार, व्यवहार, शैली

रशादत : धर्म दीक्षा

रशाश : फुहार

रशीक : अति सुन्दर

रशीद : सीधा रास्ता दिखाने वाला

रश्क : किसी के जैसा बनने का विचार

रश्के हूर : स्वर्गांगनाओं को लज्जित करने वाली सुन्दर स्त्री

रश्फ : चूसना

रसदगाह : वह स्थान जहां से ग्रहों और तारोंकी गतिविधिया देख सके

रसदी : हिस्से के मुताबिक

रसन बाज : नट

रसनुबाफ : रस्सी बटने वाला

रसों : पहुंचाने वाला जैसे पत्र

रसानत : मजबूती

रसीलः : पत्रखत

रसील : संदेशवाहक

रस्तगार : पथ राह

रास्तः खेज़ : महाप्रलय

रहगुजर : आम रास्ता, राजमार्ग

रह नुमाई : रास्ता बताना, आगे आगे चलना

रहरवी : यात्रा करना

रहवार : अश्व घोड़ा

रहा : चक्की का एक पाट

रहीक़ : मदिरा सुरा

रहीजाद : दासीपुत्र

रहमान : दयालु, कृपालु

(रा)

रॉ : हुक्मराँ शासन चलने वाले

रॉदाअे दरगाह : किसी सरकार या दरबार से निकाले हुए

राइक़ : अनाहार, अनशन

राइज : प्रचलित, चालू

राइश : घूस का दलाल

राइस : अधिकारी, शासक

राअी : चरावाह, शासक नरेश

राअेगाँ : नष्ट बरवाद

राअेह : बू दार, बास वाली वस्तु

राकिंद : ठहरा हुआ पानी

राक़िब : मुंतजिर, आशान्वित

राकिब : सवार, होने वाला, अश्वरोही

रास्तगोई : सच बोलना, सत्यवाद

रास्त मिजाजी : सरलता, ईमानदारी

रास्तरौ : सीधी राह चलने वाला

रास्तीशिआर : जिसका आचरण सत्यता धर्म निष्ठा पर आधारित हो

राह गुजर : मार्ग, पथ रास्ता

राह अफ्ज़ा : शान्ति और सुख बढ़ाने वाला

राहत तलव : कामचोर

राहत रसाँ : सुख देने वाला

राहदार : चौकीदार

राहदारी : पासपोर्ट

राह पैमा : रास्ता चलने वाला

राहवर : राहनुमा

राहिलः : सवारी का जानवर

राह बुरीदः : वह मार्ग जिस पर लूट का डर हो अथवा चलाना बंद हो

राहेरास्त : सत्य का मार्ग

राहोख्त : मेल जोल, मिलाप
राहो रविश : अचार व्यवहार

(रि)

रिंद : शराबी बेफ्रिक मस्त
रिंदवअ : खुश मिजाज, मनमौजी
रिंदानः : मतवालों जैसा
रिंद वलानोश : हर प्रकार की शराब पीने वाला
रिंद वासफा : शराबी जो बहुत अधिक सदाचारी हो
रिक़ : दासता सेवा गुलामी
रिकाज़ : गदा हुआ धन
रिकाब : घोड़े की काठी, नौका, नाब
रिकावी : प्लेट तश्तरी
रिक्कत : गीला पन नर्मी, रोना
रिक्ते कल्ब : कोमल चित दिल की नर्मी
रिखव : ढीला शिथिल
रिज़ा : स्वीकृति मंजूरी
रियाकार : पाखंड़ी छली
रियाजी : गणित विद्या

(री)

रीक़ : थूक
रीख़ : पक्षियों की वीट
रीखन : हर समय उदास रहने वाला
रीव : संदेह में डालने वाली आरोप
रीम : मवाद, धातुओ का मैल
रीश खंद : मस्खरापन, ठिठोली
रीशमाली : जो अपनी लुगाई की कमाई खाता हो
रीशे मुर्सल : लम्बी डाढ़ी

(रु)

रुअसा : रईस लोग

रुआफ : नकसीर का रोग

रुऊनत : अंहकार अभिमान

रुक़ाबा : प्रति द्वंदीजन

रुक़ाद : निद्रा नींद

रुक़ूअ : चिठ्ठी, ख़त

रुकवे रकीन : मुख्य सदस्य, खास मेम्बर

रुक्व: : जानू, घुटना

रुख़ : कपोल, गाल

रुखशाँ : दीप्त, प्रकाश मात्र

रुख़्सती : दुल्हा व दुल्हन की विदाई संस्कार

रज़ूअे कल्व : हृदय किसी ओर आकर्षण

रज़ूअे खल्क : जनता की ओर आकर्षण जैसे साधु या वैघ

रज़ूम : किसी को पत्थर मारना

रज़ूलत : मर्दपन

रुफात : टुकड़े-टुकड़े, चूर-चूर

रुफ्त़ : झाड़ पौधे, सफाई

रुवाइंद : उचक्का

रुम्मानी : अनार जैसे रंग का

रुसूम : रुढ़ियाँ, परम्परा से

रुस्तमें ज़माँ : अपने, समय का सबसे बड़ा या योध्दा

रुस वाअे आम : सारे में वदनाम

(रू)

रू : चेहरा मुख

रुअे किताबी : लम्बा चेहरा

रूअेदाद : वृतांत, कथा

रूए सुखन : सम्बोधन, मुखातिब
रूअमे रिआयत : लिहाज, संकोच
रूकश : लज्जित, मुकाविल, प्रतिद्वंदी
रूकशी : लज्जा, शर्म
रूकार : सामने का रुख
रूगर्दानी : विमुखता हुकूम उदूली
रूदररू : आमने सामने
रूदादे ग़म : प्रेम व्यथा वृताँत इश्क की कहानी
रूदार : प्रतिष्ठित, पूज्य
रूनुमाई : मुँह दिखाई
रूपाक : रूमाल
रूपाशी : मुँह छिपाना
रूबंद : बुर्का, घूँघट
रूव दीवार : स्तब्ध, चकित
रूब राह : ठीक रास्ते पर
रूये : दर्शन, देखना
रूयते हिलाल : नया चाँद देखना
रूयाए सादिकः : सच्चा ख्बाब
रूस नास : बहुत कम परिचय वाला
रूस फ़ेद : नेकनाम, यशस्वी
रूसियाह : बदचलन, पापी
रूह अफज़ा : जीवन बढ़ाने वाला

(रे)

रेग : वालू, रेत
रेग गोई : मिट्टी से सोना चांदी निकालने वाला
रेगे गुर्दे : गुर्दे में पड़ने वाली पथरी
रेज : कतरन किरच छोटा टुकड़ा

रज्माबाजी ः नट का काम बाजी गिरी

(रै)

रै आने जवानी ः जवानी की शुरूआत

रैब ः संदेह, शक, हादिसा

रैहान ः एक खुशबूदार घास

(रो)

रोई ः काँसे का बना हुआ

रोईतन ः जिसका शरीर मजबूत हो

रोईदनी ः उगने योग्य अंकुरित होने योग्य

रोजः कुशाई ः रोजदारी को रोजा खोलने के लिये अपने घर खिलाना

रोज खोर ः जो उपवास, न रखता हो

रोज अफ्जू ः बुद्धिमान, जोहर दिन वढ़ता रहे

रोज कोर ः जिसको दिन में दिखाई नहीं देता हो

रोजन ः सुराख

रोजनाम ः दैनिक पत्र

रोजनामचः ः रोज का हाल लिखने वाला

रोजीरसाँ ः रोजी देने वाला

रोजे पसी ः मरने का दिन

रोजे बद ः बुरा दिन, मनहूस दिन

रोजे विलादत ः पैदा होने का दिन

रोज़ो शब ः रात दिन, अहर्निश

रो बाह ः लोमड़ी

रो वाह वाज़ी ः मक्कारी छल, कपट

रोया ः स्वप्न, ख्वाब

रोसपी ः कुलटा, व्यभिचारिणी

(रौ)

रौअत : भय, डर
रौग़ान : तेल, स्नेह, चिकनाई
रौगनगर : तैली तेल पेलने वाली
रौगन ज़वानी : खुशामद, चपलता
रौशन दाग : घीसे बधारा हुआ छौंक
रौगन फ़रोश : तेल बैचने वाला
रौगने काज़ : चापलूसी
रौगने, कुंजद : तिल का तेल
रोगने गाव : गाय का घी
रौगने तल्ख़ : सरसो का तेल
रौजअे जलत : जन्नत का बाग
रौजअे मुवारक : पवित्र, रोजा
रौज़न : छिद्र सूराख
रौजने दर : दरवाजा
रौनक ख़ाना : घर की रौनक, बीबी
रौशन गुहर : बेश का दीपक कुलीन
रौशन सवाद : जो अच्छी तरह लिख पढ़ सके
रौह : सुगंध, खुशबू
रौहात : सुख चैन

(ल)

लंग ः लँगड़ा, पंगुता

लंगोपा ः पॉव का लँगड़ापन

लंज ः इठलाकर चलना

लअस ः होठों की लालीमा

लआली ः बहुत से मोती

लिअंब ः खेलकूद

लअीन ः जिस पर लानत भेजी गई हो

लईम ः कंजूस व्यक्ति

लअूक ः चाटकर खने वाली औषधि, चटनी

लक ः मूर्ख, बेवकूफ

लक़ ः बालो का सफा चट

लक़त ः जमीन पर पड़ी हुई वस्तु

लकद ः लात दुल्ती

लकद कोब ः दुल्ती मारने वाला

लकबन ः हकलापन

लकात ः उपाधि खिताब

लकब ः घबराहट, नाश

लकास्स ः भ्रष्ट

लकिन ः प्रतिभावान, बात जल्दी समझने वाला

लकिस ः आपस के फूट डालनने वाला

लक़ोदक ः ऐसा जंगल जिसमें दूर-दूर तक पानी और ना छाया हो

लकूअ ः सॉप का डसना, बछडे को दूध पीते समय गाय के थनो में सिर मारना

लंक्ज ः छाती पर पैर मारना

लंक्म ः घूंसा मारना

लक़्म : मार्ग बन्द कर देना
लख़्ते जिगर : लड़के लिये बोलते है।
लख़शाँ : वह वस्तु जिस पर पॉव फिसले
लग्जा नीदन : फिसलना, गिरना
लग्ज़िश : फिस्लन, रपट
लग्जिशं पा : पॉव फिसना
लग़्व : फुजुल, असत्य, झूठ
लग़्सर : सर के बाल उड़ा हुआ होना
लचू : गाल मुख
लज़न : कीचड़
लजाजत : युद्ध करना, बढ़ा चढ़ाकर बात करना, गिड़गिड़ाना
लजाजत आमेज़ : गिड़गिड़ाना, खुश मद के साथ
लज्जत : स्वाद, मजा, आनंद, लुत्फ
लज्जत चशी : स्वाद, चखना
लज्ज्ते तक्रीर : बातचीत की मधुरता
लज़्लाज : हकला
लतंबान : लोभी, लालची, पेटू
लतत : दाँतों का गिरना
लत़फ : उपकार करना
लताइफ़ : लतीफे हँसी की बाते
लव्ह : पीट थपथपाना
लदीम : पैवंद लगा कपड़ा
लदूद : बखेड़िया लड़ने वाला
लर्बखा : चिड़चिड़ा
लबरेज़मिय : शराब से लबालव, पूरा भरा हुआ
लख़ाद : बरसाती, बरसात में पहनने का कोट

लबाबत : चतुर होना, दक्ष होना

लबीक़ : बुद्धिमान

लबे गोर : कब्र का किनारा

लवेजू : नदी का किनारा

लवे शीरी : जिसके होठों से रस टपकता हो

लबो लहज़ : बात करने का ढंग

लम्तुर : मोटा ताजा

लयान : सुख चैन

लयुस : अपमानित बेइज्जत

लर्ज़ाखेज : शरीर के रोंगटे खड़े करने वाला

लर्जा : कॉपता हुआ

लवालौ : औछा

लवाश : गेहूँ की पतली रोटी

लवास : चखने योग्य

लवाहिज : आखों की कनखियों से देखना

लव्वाम : निन्दा करने वाला, मलामत करने वाला

लसद : बच्चे का दूध पीना, शहद चटना

लसस : दाँतों का पास पास होना, वृक्ष की डालियों का घना होना

लसिन : सरल भाषा बोलने वाला

लस्ग : तुतलाना

लस्सानी : वाचालता, लफ्फाज़ी

लहज़ : लालची होना, वरगलाना

लहन : प्रतिभा, कुशलता

लहब : आग की लपट

लहीस : आपत्ति, आपदा

लहीम : माँ भक्षक, गोश्त खोर

लहीफ़ : पछताने वाला

लहजे तल्ख़ : कटुता से कही बातें

लहम : माँस का लोथड़ा

लहव : खेल कूद, मनवहलाव

(ला)

ला : नहीं, न

लाईदः : बकवास करने वाला डींग मारना

लाअब : खेलने वाला खिलाड़ी

लाअजः : जलाने वाला

लाइम : बुरे कामों पर डॉट फटकार करने वाला

लाअल्म : बिना पढ़ा लिखा

लाउवाली : निश्चत, वाफिक्र वे परबा

लाअेह : चमकने वाली, फहेरिस्त

लाखः : धुनीह हुई रूई, रूई का गाला

लागिय : डींग मारनेवाली, अहंवादीनी

लतिब : चिपकने वाला, डटा हुआ मजबूत

लादः : मूर्ख अज्ञानी

लादवा : जिसका उपचार न हो सके

लाफ़ : डींगें, शेरवी

लाफिद : बकवासी, शेखी ख़ोर

लाबकार : चापलूस, चाटुकार

लाब : सूर्य

लामहालः : आखिर कार, लाचारी से

लामहदूद : जिसकी कोई हद न हो

लायवग़ी : गैर जरूरी, ना मुनासिब

लाल जार : अफीम का खेत

लालाअे चश्म : ऑंख की पुतली

लावलद : निसंतान

लाहौल : घृणा उपेक्षा सूचक

(लि)

लिआन : एक दूसरे को धिक्कारना

लिका : दर्शन, दीदार

लिताम : एक दूसरे को तमाचा मारना

लिदाम : कपड़े व जूते में पैंवद लगना

लिफाफ : ऊपर लपेटने की वस्तु, कफ़न

लिवासे अरूसी : दुल्हा-दुल्हन के कपड़े

लिवासे तकवा : लाज, शर्म, साधुओं के पहने के कपड़े

लिवासे रियाई : धोखा देने वाला भेष

लिवासे शवरब्वाबी : नाइट ड्रेस

लियाज : पनाह ढूंढना

लियाम : मक्खी चूस लोग

लिवाअे हक़ : सत्यता का झंडाः

लिसानूल जैव : भविष्य की बातें

लिहा : वल्कल छाल

(ली)

लीग़ : उदास, मलिन

लीन : कोमलता नर्मी

(लु)

लुंज : होठ, अधर

लुआब : राल, लसदार

लुकातः : बहुत घटिया वस्तु

लुक्काअः : बहुत ही वातूनी हाजिर जबाव

लुक्मैं खोर : निवाला खाने वाला

लुक्मअ चर्व : तरमाल

लुक्मेअ हराम : हमरा की कमाई

लुकूय : मुलाकात, दर्शन, दीदार

लुग़त : शब्द, लफ्ज

लुगत नवीस : शब्द कोष लिखने वाला

लुग़ूब : दुख क्लेश रोग़ बीमारी

लुचन : कुलटा

लुजूम : अनिवार्यता

लुज्जी : लबालब नदी

लुबान : गोंद

लुब्स : कपड़े पहनना

लुमास : कामना इच्छा

लूट : मूर्ख घामड

लुसुन : मधुर, कोमल भाषा बोलने वाला

लूक : ताज की मक्खन

लूव : पहाड़ी इलाका जहां पानी मिलता हो

लूलू : मुक्ता मोती

(ले)

लेमूँ : निबू

लेमूनी जो नीबू से बनी हो

लेसॉ : चाटता हुआ

ले सीदनी : चाटने योग्य

लेहयान : दाढ़ी, लम्बी दाढ़ी

(लै)

लै : रस्सी आदि बटना, लपेटना

लैअ : डरना, भय खाना

लै तोंल अल : टालम टोल, हेरा फेरी

लैल : रात्रि, निशा, शब

लेलतु लवरात : चौदहवी रात्रि

लैस : सिंह, शेर

लैह : छिपकर जाना

(लो)

लोकाँ : घुटनों के बल चलने वाला

लोत पोत : अच्छे-अच्छे स्वादिष्ट खाने

लोबान : एक सुगन्धित गोंद

लोरकंद : वह गढ्ढा जो पानी से बन जाये

लोरी : एक नीचे जाति जो नाच गाने का धन्धा करें

लोलः : भुना आटा, सत्तू

लोली : तवाइफ

लोश : कीचड़ अचेत टेढे मुखवाला कोढ़ी

लोशाक : कीचड़ मिला हुआ, गदला

लोस : चापलूसी

लोहज़ : सुबह का नाश्ता

(लौ)

लौअ : जलन

लौअत : प्रेम की तपन

लौज : बादाम, गले का कौआ, कंठकाक

लौजअी : बुद्धिमान, प्रतिभाशाली, ज़हीन

लौज़ीन : बादाम का हलवा

लौन : रंग वर्ण

लौन ग़मिक : गहरा रंग

लौन फतेह : हलका रंग

लौम : निंदा, कंजूसी, मलामत

लौमते लाइम : निंदा करने वाले की निंदा

लौस : लगाव सम्पर्क

लौहे पेशानी : माधा त्याग, तक्दीर

(व)

व आव : लज्जित होना शर्मिन्दा होना

वअीद : दंड की धमकी

वकआअ : मूर्ख स्त्री, वेवकूफ औरत

वकाअ : वह वस्तु जिससे किसी को बचाये

बक़ाअ : लड़ाई, जंग

वकाएड़ नवीस : इतिहासकार, संवादकार

वक़ार : गंभीरता, इज्जत

वक़ाहत : निर्लजता, बेहयाई

वकीअ : दृढ़ मजबूत, प्रतिष्ठित,

वकीअत : निंदा, युद्ध, लड़ाई

बकीफ : पानी टपकना

वक़ीरः : वह भोज जो गृह, प्रवेश के समय दिया जाये

वक़ीर : गिराँ, बोझल

वक़ीह : निर्लज्ज, ढीठ, वेहया

वकूल : वह लाचार व्यक्ति जो अपनेकाम को दूसरे पर छोड़ दे

वक़ुअत : प्रतिष्ठा, इज्जत

वक्तन फ वक्तन : यदा कदा कभी कभी

वक्ते अजल : मरने का समय

वक़्ते इआनत : मदद का समय

वक़्ते फराग़त : छुट्टी का समय

वक्तेबद : मुसीबत के समय

वक्फः : दो कामों के बीच समय, विराम

बक़्फः : वरसात में छत आदि का टपकना

वजअुलकल्व : हृदय की पीड़ा

वजा : भय त्रास डर

वज़ाअत : पवित्रता, सुन्दरता, खूब सूरती, अधमता

वजाइफ़ : वजीफे छात्र वृतियाँ

वजाहत : मुखश्री, मुख कांति, इज्जत

वजाहत परस्त : जो बड़े लोगों की ओर आकृष्ट रहता हो

वजिल : वहने वाली बायु, चलने वाली हवा

वजिल : डरने वाला

वजीअ : पीड़ित, दर्दनाक

वज़ीअ : अधम, नीच

वजीओ शरीफ़ : अच्छे बुरे सब, लोग

वजीज़ : हस्क छोटा मुख्तसर

वजीदः : चला हुआ पवन

वजीफरब्बाह : पेनशन चाहने वाला

वजीफ गोई : यशोगान करने वाला

वजीम : पुरस्कार, उपहार

वजीरे दाख़िल : गृहमंत्री

वजीरे दिफाअ : रक्षामंत्री

वजीर बल्दीयात : स्वशासन मंत्री

वजीर मफादे आमः : लोक हित मंत्री

वजीरे रस्लो रसाइल : यातायात मंत्री

वजीरे सनअतो हिर्फ़त : उद्योगमंत्री

वजुदः : वालिश्त

बजुअदार : जो अपने व्यवहार का पावंद हो

वजुअ दरवेशान : साधुओं जैसी वेशभूषा

वज्दे सिमाअ : गाना सुनकर मुग्ध होने वाला

वज्नः : कपोल, गाल, रूख्सार

वजहे खुसूसी : मुख्य कारण

वजूहे खुसूमत : देश का कारण

वतनकुश : देशद्रोही

वतने आवई : बाप दादा का देश

वतने क़दीम : पुरखों का देश

वतने जदीद : नया वतन जहाँ अभी अभी रहना शुरू किया
हो

वतने मालूफ : वह वतन जिससे प्रेम हो

वतर : वाजे का तार धनुष की डोरी

वतूश : विनाश, बरबादी

वतूह : कंजूस निकृष्ट खराब

बढ़ाए जाँ : मरना

वदाद : कामना इच्छा

वदीअत : अमानत धरोहर

वदीक : गर्मी की तपिश

वदीद : मित्र, दोस्त

वफाकोशी : प्रेम निर्वाह में कोशिश करने वाला

वफा शिकन : वफा की प्रतिज्ञा करके तोड़ दे

वफ्द : प्रतिनिधि मण्डल, डेपुटेशन

वरक साज : चाँदी सोने का वरक बनाने वाला

वरकुल हशीश : भाँग का पत्ता

वरके ख़ाम : कच्चा चिट्ठा, अन्दरूनी हालत

वराए नज़र : दृष्टि के परे

वर्जीदः : कबूल किया हुआ

वर्तः : प्राणधातक स्थल, भँवर

वर्दे मुरव्वा : गुलकंद

वर्राद : माली, वागवान, गुलाब के फूलों से गुलकंद बनाने
वाला

वलदुज्जिना : हरामी लड़के, दोगला

वलदुल जारिय : दासी पुत्र

वली अ़हद : युवराज, राजकुमार

वलीजः : घनिष्ट मित्र

वलीद : छोकरा, खिदमत गार लड़का

वलीमः : शादी के बाद दिये जाने वाला भोज

वल्लाह : खुदा की कसम

वलवलः अंगेज़ : उत्साह वद्र्धक उमंग बढ़ाने वाला

वश कलीद : जल्दबाजी करना

वश्त : अच्छा खुश

वश्तन : नाचना

वसख : मैल कुचैल

वसन : नीद ऊँघना

वसा : योजना वद्ध कार्य करना

वसाम : पदक

वसीअुन्नजर : दूरदर्शी, अनुभव सम्पन्न

वसीकःदार : पेंशन पाने वाला

वसीलः : विचौलिया

वसील अज़ेफर : सफलता का साधन

वसूस : वुर्कें में देखने के लिये सुराख

वस्क : विश्वास, भरोसा

वस्त : नीच मध्य, दरमियान

वस्ता : तारीफ़ प्रशंसा

वस्तेमाह : महीने का बीच

वस्मत : अैब दोष

वसल : प्रेमी, और प्रेमिका का संयोग मिलन

वहजान : आग का भड़कना

वहद परस्ती : ईश्वर की एक माने

वहदा नियत : ईश्वर को एक होने का सिधान्त

वहन : ढीलपन आलस्य

वहशत कद : वह स्थान जहां सुनसान हो गया हो और जहाँ से भगने को जी चाहता हो

वहशो तैर : जंगली जानवर और जंगली चिड़िया

(वा)

वाये किस्मत : हाय रे भाग्य

वाअे वरहाल : हालत पर अफसोस

वाकिअ तलब : घटना का पूरा वृतांत जानना

वाकिअ नवीस : घटना लिखने वाला

वाकिअ हाइलः : बहुत ही प्रचंड दुर्घटना

वाकि अतन : वास्तविक, दर हकीकत

वाकि आते हाजिर : वर्तमान समय की घटनाएँ

वाकि आतोहालात : घटना का विस्तार पूर्वक वर्णन

वारवुर्द : जिसने मुलाकात की हो

वाजगूँ : मनहूस, अनिष्कर

वाजिद : प्राप्तकर्ता

वाजिब कुर्हम : रहम रखने योग्य, दयनीय

वाजिबुल इत्तिवाअ : जिसका अनुकरण आवश्यक हो

वाजिबुल गजा : जिससे धर्म युद्ध करना जरूरी हो

वाजिबुल लौम : जिसकी भर्त्सना करना जरूरी हो

वाजिबुल वजूद : जिसका अस्तित्व दूसरे के सहारे न हो

वाजिबुलस्सना : जिसकी प्रशंसा आवश्यक हो

वाजिबुस्सिफत : जिसका गुण गान आवश्यक हो

वाजीदन : कहना

वाज़ूँ : आधा अधोमुख, उल्टा

वाजू नसीव : जिसकी तक्दीर उल्टी हो

वात : हर्फ, सुखन, बात
बाद : जिन्दा जमीन में गड़ा
वादस्तन : रखना
वादिक : तीव्र गति से बहने वाला
वादी गर्द : घाटी पहाड़ के नीचे के जंगल में फिरने वाला
वादीद : मुलाकात करने वाले
वादीदन : देखना
वादीनशी : जंगल में रहने वाला
वादेऊ : रूखसत करने वाला
वानमूदं : प्रगट किया हुआ
वानहिन्दः : रखने वाला
वाफ़िद : प्रतिनिधि, दूत पत्रवाहक
वाफिर : प्रचुर, बहुत जियादा
वाफिलहस्ब : विद्या और दूसरे गुणों से सम्पन्न हो
वाबस्तः : वँधा हुआ, संबंधित संलग्न
वाबिल : बड़ी-बड़ी बूंदो की वर्षा
वाबूर : इंजन
वाय : कर्ज़, वर्ण, रंग
वामख्वाह : कर्जदार
वामॉद : थका हुआ दुखी लाचार
वाम : मनो कामना मुराद
वारः : समान, तुल्य स्वभाव स्वामी
वारफ्त : वेसुध शिथिल निढाल
वारस्त मिजाज : स्वच्छंद, आजाद मिजाज मनमौजी
वारफ्तगी : खोया खोयापन
वारिद : आने वाला उठाया हुआ, दूत
वाला कद्र : उत्तम, बड़ी इज्जत वाला

वालिदे मजिद : पूज्य पिता

वाली : मित्र दोस्त, हाकिम

वालैह : मुग्ध, आस्तक

वाशी : मिथ्यावादी, निन्दंक चुगल, खोर

वाशद : प्रफुल्ल, खिला हुआ, शिगुफ्ता

वासित : मध्यम, दरम्यानी (दरमयानी)

वासिफ़ : प्रशंसक, तारीफ करने वाला

वासिल : मिलने वाला, मुलाकात करने वाला

वासिलवाकी : वसूल और वाकी का हिसाब

वासोख्त : जला हुआ कुढ़ा हुआ

वाहिद : इकाई यूनिट

वाहिदुल ऐन : एक आँख वाला

वाहिवुल अतायः : पुरूस्कार और उध्तम वस्तु देने वाली

वाहिम : वहम करने वाला

वाही : फुजूल, शिथिल, सुस्त

(वि)

विक़ायत : देखभाल, हिफाजत

विज़ारत : मंत्री पद

विजारतंअुज्मा : प्रधानमंत्री का पद

विजारते दाखिल : गृह मंत्री

विजारते ख़रिज : विदेशी कामों की देखरेख

विजाह : किसी वस्तु को छिपाना

विज्द : शक्तिशाली होना, धनवान होना

वित्र : वह रकम जो दो से विभाजित न हो, विषम

विदाद : मित्रता, दोस्ती

विफाकत : अनुकूलता, मित्रता, दोस्ती

विरातत : छल, कपट

विला : आस्था प्रेम भक्ति

विलादत : जन्म पैदइश

विलकारी : वदकारी

विशादन : खेलना

(वी)

वीदन : इलाज करना

वीरः : खरबूजे का पेड़

वींराकुन : बरवाद कर देने वाला, ध्वंसकारी

वीरांगर : डाकू, लुटेरा

(वु)

वुअूद : वाद, प्रतिज्ञाऐं

वुकूअ : घटना, वाकिया

वुकूअ सानिहः : किसी घटना का जाहिर होना

वुकूए हादिस : बुटी घटना होना

वुकूद : आग जलना या जलाना

वुज़ू : नमाज के लिये हाथ पॉव मूँ साफ करना

वुजूव : वाजिव होना आवश्यक होगा

वुफूर : वाहुल्य इफ़रात

वुफूरे इजातिराव : घबराहट की अधिकता

वुसअते अख्लाक : शिष्टता और खुशीलता का अधिक्य

वुसूअते सहरा : जंगल का विस्तार

(वै)

वैल : आप्ती कष्ट

वैलकश : शत्रुता निभाने वाला

वैहस : धिक्कार, लानत

वैह : डॉट फटकार

(शः)

शंग : चपल, चंचल

शअफ : प्रेम स्नेह, अनुराग

शआफ़ : उन्माद, पगलपन मिराक़

शऔरः : पशुवली

शऔ ज़ाइद : आवश्यकता से अधिक वस्तु फालतू

शऔ लतीफ : प्रतिभा चतुराई

शक आफरी : शक पैदा करने वाला

शकर गुफ्तार : मधुर भाषी

शकर पा : लगड़ा जिसके एक पैर टेढ़ा हो

शकर बूजः : पिराक, गुज़िया

शकररंगी : अप्रसन्नता, नाराजी मनमुटाब

शकर रंग : अप्रसन्न, नाराज़

शकराव : हल्की रंजिश, मनमुटाव

शक़ावत : निर्दयता, भाग्य की विमुखता

शकावते कल्वी : हृदय की निर्दयता, संग दिली

शकिस : कंजूस

शंकीलः : सुन्दरी, हसीना

शकील : सन्दर रूपवान

शकीह् : निकृष्ट, कुरूप, भद्दा बुरा

शाकूक : बहुत अधिक बुरा करने वाला

शक़ूरे मकाल : मधुरवादी, मिष्ट भाषी

शकूर : धन्यवाद देने वाला बधाई देने वाला

शक्कर शिकनी : शक्कर चवाना, मीठी बातें करना

शक्कर रिस्तान : जहां शक्कर का कारखाना हो

शक्वाए जौर : अनिति और अत्याचार की हो शिकायत

शक्वागुज़ार : शिकायत करने वाला

शख़ कमॉ : शक्तिशाली, जोरावर

शख़ीदः : फिसला हुआ, रपटा हुआ

शख़्से वाहिद् : अकेला मनुष्य

शग़फ : रूचि दिलचस्पी

शग़व : कोलाहल, शोरगुल

शगालतीनत : ठग मक्कार

शगल : कार्य काम धन्धा

शजाअत : शूरता वीरता

शत्मं : अपशब्द, गली गलौच

शत हीयात : व्यर्थ की बातें

शदाइद : वाधाऐं अड़चने, रूकावटे

शदीदः : कठिन, मुश्किल, विपदा, मुसीबत

शदीदुल अ़दावत : जो कि सीसे बहुत अधिक बैर रखे

शद्दाद : बहुत अधिक अत्याचारी

शद्दोमद : जोर शोर धूम धाम

शनाअत : बुराई वदी

शनख़्त कुनिंदः : पहचानने वाला

शन साई : जान पहचान, तआरूफ

शनीदनी : सुनते काबिल, सुनने में मजेदार

शफ़क : सवेरे शाम की लालिमा

शफ़क़त : कृपा दया मेहरबानी

शफ़तैन : दोनों होंठ

शफ़ा : हरचीज का किनारा जीवन का अंतिम भाग

शफ़जुर्फ : नदी का किनारा

शफ़ी आख़लित : साझे की जमीन का दावा करने वाला

शफ़ीक़ : कृपालु दयालु

शाफ्फाफ़ : स्वच्छ चमकदार

शव : निशा, रजनी

शवाकोरी : रात में दिखाई न पड़े

शवगर्द : रात में फिर कर पहेरा देने वाला

शवगूँ : काले रंग का

शव चिराग़ : रात का चिराग, चन्द्रमा

शवनमी : मच्छरदानी

शवनम : ओस, आकाश, जल

शब्वा खैर : रात के समय विदा के समय कहे जाने वाला शब्द इसका अर्थ रात सुख शान्ति बीते

शबम : जाड़ा शीत

शबमांद : रात का बासी

शबमुर्दः : रात भर सोने वाला

शवरवी : रात में घूमना फिरना, चोरी तस्करी

शबाव : जवानी, उत्तम अवस्था

शवाव आवर : फिर से जवान बनाने वाला

शवाशव : रातोरात

शव जिफाफ़ : सुहागरात

शवेतार : नितान्त अँधेरी रात

शवंवसल : नायक नायिका के मिलने की रात

शवेहिज़ : नायिका की वियोग की रात

शवोरोज़ : रात दिन, अहर्निश, हर समय

शमाड़ू : खुशबू एँ

शमातत : किसी के नुकसान पर प्रसन्न होना

शमीदः : बेहोश परीशान

शमीम : सुगंध महक

शमीलः : आदत स्वभाव

शमअरू : दीपक जैसे मुखवाली

शुभ अदान : जिसमें मोमबत्ती रख कर जलाते हैं
शमूअी : मोम का बना हुआ
शमुअे आलमताब : सूर्य, सूरज
शमुअें कुश्तः : बुझाहुआ दीपक
शमुअेजेरे दामन : दामन की आड़ से जलने वाला चिराग
शमुअे वाली : सिरहाने जलने वाला चिराग
शमुअे सहर : सवेरे का चिराग
शम्भः : बहुत थोड़ा
शम्मास : सूर्य पूजक
शम्लः : पगड़ी का सिरा जो पीछे लटकता है
शम्शादक़द : लम्बे डील डोल वाला
शम्शीर : तलवार, खड़क
शम्शीर जनी : सिपाही का पेशा
शम्शीर वकफ़ : हाथ में तलवार लेकर बध करने को तैयार
शम्शीर दुदम : दुधारी तलवार
शम्सः : रोशनदान
शम्सी : सूर्य के चक्र का हिसाब
शम्सीय : छाता
शय्याद : धुर्त, छली
शरंगेज़ : आपस में फूट डालने वाला
शंरपसंदी : झगड़ा पसंद
शरफ़ : सत्कार, सम्मान, बुजुर्गी
शरफ याबी : सफलता, कामयाबी
शरफ़े जियारत : देखने का सौभाग्य
शरफे मुलाक़ात : दर्शनो का सौभाग्य
शरफ मुलाज़मत : पास उठने बेठने का सौभाग्य
शरर अंग्रेज़ : उपद्रवी, शुर्रे छोड़ने वाला

शररबारी : आग बरसाना

शरा : पित्ती को रोग

शराइत : शर्तें

शराकत : भागीदारी साझेदारी

शराबे असली : शहद की शराब

शराबे, आतशरंग : लाल शराब

शराबे कोहनः : पुरानी शराब

शरावे तहूर : स्वर्ग में पीने वाली शराब

शराफते नसबी : अच्छे कुल का निर्दोष होना

शरार : चिंगारी

शरीफन्नसब : उत्तम कुल

शरअी : धर्मशास्त्र मज़हवी

शर्वे : पूरब, पूर्वीय

शरअे महम्म्दी : इस्लामी धर्मशास्त्र

शर्क़ो गर्ब : सारा जगत, विश्व

शर्ज : बहुत अधिक गुस्से वाला

शर्वते मर्ग : मौत का शारबत, मरणा, निधन

शहं शहं : टुकड़े टुकड़े

शहं नवीस : टीका कार, भाष्यकार

शर्हे माआनी : किलष्ट शब्दों का अर्थ

शर्हेसूद : ब्याज की दर

शलंग : छलॉग, कूद

शल : अपाहिज़

शल्ताक्त : लड़ाई, कल़ह

शल्फ़ : कुलटा

शल्लीक़ : कोड़े या छड़ी मारना, चंचल

शवाहिद : गवाह लोग

शवाहिक़ : ऊँची इमारत

शश : छः षट्क

शश जिहत : छ दिशाऐं

शशदरः : हक्का वक्का

शश पायः : जिस इमारत में छः खम्बे हो

शशसरी : शुद्ध सोना

शशो पंज : उधेड़ बुन

शस्तगीर : तीर अंदाज

शहखर्च : बहुत अधिक खर्च करने वाला

शाहनाज़ : दुल्हन नव विवाहिता

शहादते अज़्मा : बहुत बड़ा वलिदान

शहदते हक्क : सच्ची गवाही

शहाब : कुत्ते का पिल्लो का दूध जिसमें दो भाग पानी हो

शहीम : बहुत अधिक चर्बी वाला

शहीर : प्रसिद्ध, मशहूर

शहीह : कंजूस

शहून : शक्तिशाली, जोरावर

शहब : बूढ़ी औरत

शहताश : हमवतन

शहपनाह : शहर के चारों और पक्की दीवार

शहयार : शासक, नृप, वादशाह

शहवा : केवल एक नगर में चलने वाला सिक्का

शह खामोशाँ : कब्रिस्तान

शहे गरीबाँ : परदेशीओ का नगर, जहां कोई जानता न हो

शहनवीना : ऊजिस नगर में को गुण दोष देखने वाला न हो

शहल : वृद्धा स्त्री बूढ़ीया

शहवत परस्त : रसिया, व्यवचारी

शहबात : इच्छाओं काम बसनाऐं

(शा)

शांजद हुम : सौलहवॉ

शाइक़ : अभिलाषी, इच्छुक

शाइक : काटोदार

शाइबः : बहुत थोड़ा, मिलावट

शाइस्तः : सभ्य शिष्ट

शाइस्त कलाम : तमीज की बात करने वाला

शाइस्तः गो : जिसकी बातचीत सभ्यता के लिये हो

शाइस्तः मनिश : शाइस्त मिजाज

शाक़ : असह, अरूचिकर नागवार

शाक : सैनिक, शक करने वाला

शा किअेजौर : अत्याचार की शिकाय करने वाला

शाकिर : ईश्वर को धन्यवाद देने वाला

शाखचः : छोटी शाखा टहनी, डाली

शाख दर शाख : उलझा हुआ, पेंचीद

शाख वदी बार : अभिमानी, धमण्डी

शाखसार : जहां बहुत सारे पेड़ हो

शाखोबुन : जड़ और शाखे सब तमाम

शागिल : मना करने वाला, मशागूल संलग्न

शाग़िल : एकाकी अकेला

शाती : नदी का किनारा

शातू : सोपान सीढ़ी

शाद : प्रसन्न हर्षित

शाद काम : कामयाब, प्रसन्न चित

शाद रव्वारी : दौलत मन्दी बिना रोक टोक शराब पीना

शांदगून : गाने वाली स्त्री डोमनी

शाद बरू : सौभाग्यशाली, खुशहाल

शाद बाश : खुश रहो, धन्यवाद, एक प्रकार का आशीर्वाद

शाद माँ : प्रसन्नचित, हर्षित

शादाब : हरा भरा प्रफुल्ल, शिगुफ्त

शादिन : मृग शावक, हिरन का बच्चा

शादियानः : बधाई, खुशी के समय बजने वाला बाजा

शादी मर्ग : वह व्यक्ति जो अधिक खुशी के मारे मर जाये

शादुवार्न : शामियाना, पर्दा फर्श

शदो आबाद : जो प्रसन्न भी हो और समृद्ध भी

शान : कंधा

शान कशी : कंधा करना वालो को कंधे से सुलझाना

शान गर्दानी : उपेक्षा वे तवज्जुही

शानः बशानः : कंधे से कंधा मिलाकर

शानः बी : सगुन विचारने वाला

शानी : शत्रु वैरी

शाफ़ी : रोग मुक्त करने वाला (डॉक्टर या वैद्य)

शाब : नव युवति

शामते अमल : बुरे काम का बुरा फल

शामे गरीबॉ : परदेशीयों की शाम जो बहुत उदास हो

शमे जवानी : युवा अवस्था की शाम जहां पर जवान, पाप की दुनिया में कदम रखता है

शम्मः : सूंघने की शक्ति

शायदो बायद : अदभूत, अजीवो गरीब

शा माँ : उचित, समुचित, मुनासिब

शायाने शान : व्यक्ति के हैसियत के मुताबिक

शार : नगर बस्ती, सारी साड़ी

शार मार : अजगर, बड़ा सॉप

शारिद : चमकने वाला

शारिब : पीने वाला

शारिस्तान : वह वस्ती जिसके चारों ओर बाग़ हां

शालहंग : अत्याचार जुल्म

शाली : धान भूसी सहित चावल

शाश दान : रोगियों का मूत्र पात्र

शशिंद : पेशाब करने वाला

शाहकार : किसी कलाकार की सर्वोत्तम कलाकृति

शाह जीरा : काला जीरा

शाह नशी : बैठने की ऊँची जगह

शाह बाजी : वीरता, शूरता

शाह बैत : ग़ज़ल का सबसे अच्छा शेअर

शाहरग : खून की एक बड़ी नस

शाहशह : राजमार्ग

शाहिक : ऊँचा, प्रसाद, महल, भवन

शाहिद : गवाह, नायिका, माशूक, उम्दा

शहिदीयत : साक्ष्य गवाही नायिकापन

शाहिदे आदिल : सच्चा गवाह

शाहिदे ग़ैव : ईश्वर भविष्य का जानने वाला

शाहिदे मकसूद : मनोकमना, मनोरथ

शाहिदे रोज़ : सूर्य, सूरज़

शाहिदे शब : चन्द्रमा, चाँद

शाही : तराजू

शाही दूज्दी : तोल में अधिक या कम तोलने वाला

शाही वच : बाज का बच्चा, शूर व्यक्ति

शाहे, मग़रिब : चन्द्रमा, चाँद

शाहे रोज : सूर्य, रवि, सूरज

शाहे वक़्त वर्तमान कालिक शासक

(शि)

शिआर : स्वभाव, आदत, व्यवहार

शिकंज़ : बल शिकन सिलवट

शिकनिंदः : तोड़ने वाला भंजक

शिऊम : जरूर, पेट, उदर

शिकम खार : भूखा

शिकम परस्त : जिसके लिये पेट भरना ही सब कुछ हो

शिकम पुर : जिसका पेट भरा हो

शिकमी : बड़े पेट वाला

शिकर : एक शिकारी चिड़िया

शिकस्त जवाँ : हकला

शिकस्त नवीस : घसीट लिखने वाला

शिकस्त नाखून : उपायहीन लाचार

शिकस्त पा : जिसके पॉव टूट गये हो, असमर्थहीन

शिकानो रेख़्त : गिरना और फिर बनाना, मकान आदि

शिक़ा : दुर्भाग्य, बद किस्मती

शिकायत कुनिंद : शिकायत करने वाला, परिवादी

शिकार जौर : जिस पर बहुत अत्याचार हुआ हो

शिकार तग़ाफुल : जिसकी तरफ से बहुत अधिक लापरवाही
बरती गयी हो

शिकेल : छलक़पट, फरेब

शिकेव : धीरज सब्र

शिकोह : भय, डर, त्रास

शिख़ाब : ताजा निकला हुआ दूध

शिखो लीद : कुम्हलाया हुआ, खिन्न

शिगफे : मोहा स्थूल, शानो शौकत, वैभव

शिगाफः : सितार बजाने का छल्ला जो उंगली में पहनते हैं

शिगाफ : दराज, दरार

शिगाल : गीदड़, सियार

शिगुफ्त : प्रसन्न हर्षित

शिगूफ : वैल बूटा, नयी बात अंचेभे की बात

शिगूफ तराशी : नक्शे निगार, वेल वूटा बनाना

शिगू फअनौ : नयी कली, नयी घटना

शिता : जोड़ का मौसम, शीतकाल

शिताब कार : जल्दी मचाने वाला, उतावला

शिता लंग : टखना, गट्टा

शिना : तैरने का काम

शिनूस : छींक

शिप्लीदः : निचौड़ा हुआ

शिफा : रोग मुक्ति रोग के बाद स्वस्थ

शिफाअ का मिल : पूरे तौर पर रोग मुक्त

शिफायाबी : रोग से छुटकारा

शिब्क : चरखे की तकली

शिब्र : बालिश्त

शिब्ल : शेर का बच्चा

शियम : स्वभाव, आदतें

शिरा : बेचना, मोल लेना

शिहनः : कोतवाल

(शी)

शीर फरोश : दूध बेचने वाला

शीरबा : खीर

शीरीं : मधुर मीठा

शीरीं कार : पुर मज़ाक, विनोदी

शीरीनक : मुहासा
शीरीनिअ गुफ्तार : बातचीत की मिठास
शीरे मुर्ग़ : ऐसी चीज जिसका मिलना मुश्किल हो
शीर, लुआब : शहद
शीरो शकर : बहुत अधिक मेल
शीशःबाज : छली मक्कार, बाजीगर
शीहः : घोड़े की हिनहनाहट

(शु)

शुआअ : ज्योति, प्रकाश
शुआए माह : चाँद की किरन
शुआअ मेंह : सूरज की किरण
शअूब : गुफाएँ
शुकूक : विवाई, पाँव फहने
शकूक : शंकाएँ, शुब्हाल
शुकाह : शान शौकत, रौबदाव
शुकाहे अल्फाज : लेख में भारी भारी शब्दों का प्रयोग
शुग्ल : काम में लगन, मस्त्रूफियत
शुग्ले बाद : शराब पीने का मशग़ल
शुजाअ : वीर शूर
शुतुरं अंदाम : जैसे लम्बे डील डौल का
शुतुर कीनः : वह व्यक्ति जो दिल में द्वेष रखता हो
शतुर खान : ऊँट के रहने का स्थान
शतुर दिल : डरपोक, बुजदिल
शतुर बान : ऊँट, पालने वाला
शतुर वेमिहार : बे नकेल का ऊँट अर्थात स्वच्छाचारी
शतुलम : अत्याचार, जुल्म
शुद शुद : शैने शैनें एक से दूसरे और दूसरे से तीसरे का

इस तरह आगे

शुदनी : होनहार होनी

शुन्अत : बदी बुराई

शुफ़आ : सुफा रिश करने वाला

शुब्बाव : जवान लोग

शुमाशिंद : शुमार करने वाला, गिनने वाला

शुमुर्दः : गणित गिना हुआ

शुरकाअं, तिजारत : व्यवसाय के भागीदार

शुरफाअे वक्त : अपनेसमय के प्रतिष्ठि लोग

शुरूक : सूरज का उदय

शुर्ब : शराब पीना

शर्बे मुदाम : हमेशा शराब पीना

शुलः : एक प्रकार का खाना, पुलाव

शुल्ल : गली में कड़ा डालने का स्थान

शुवाज : लपट

शुवात : चकवा पक्षी, सुर्खाब

शुश : फेफड़ा

शुस्तः : साफ सम्य, बातमीज पढ़ा लिखा

शुस्तः राफ्तः : स्वच्छ और शुद्ध

शुस्तः रू : मुंह धोये हुए

शुस्तगी : सभ्यता, तहज़ीब

शुहुब : टूटने वाले तारे

शुहूद : गवाह, उपस्थित, मौजूदगी, आमना सामना

शुहः : ख्याति, कीर्ति, यश

शुहः अफ़ाक़ : जो सारे संसार में प्रसिद्ध

शुहःवर : मशहूर, विख्यात

शुह ततलबी : अपनी ख्याति की चाह

शुह परस्ती : अपनी कीर्तिगान सुनने का उत्कंठा
शुहत पसंदी : अपने यशगान कोफैलने की लालसा
शुहत याफ्त : प्रसिद्ध मशहूर
शुहत याव : ख्याति प्राप्त, प्रसिद्ध
(शू)
शूख : मैल, गंदगी
शूखगीं : मैला गंदा, मलिन
शूनीज़ : कलौंजी, प्याज का बीज
शूम : अशुभ, मनहूस
शूमिअ तक़दीर : शूमिअ किस्मत बुरी किस्मत
शूमी : अनिष्ट, खोट, बुराई
शूरा : परामर्श सलाह
शूरहगाह : आपस में परामर्श करने का स्थान
(शे)
शेफ्तः : मुग्ध, आस्तक, आशिक़
शेब : निचाई
शेरदाम : साहसी व्यक्ति
शेर अफ़्गन : शेर को परास्त करने वाला
शेरगीर : जिस पर अधिक शराब का भी कोई असर न हो,
मस्त
शेर दँहा : जिसका शेर जैसा मुंह हो
शेर माही : एक बहुत बड़ी मछली
शेरे आबी : पानी का शेर
शेरे कालीं : कालीन पर बना हुआ शेर जो कोई नुकसान
नहीं पहुंचा सकता
शेरे जियाँ : फाड़ खाने वाला शेर
शेरे नयस्तौं : जंगल में रहने वाला शेर

शेरे यज्दाँ : शेरे खुदा

शेवः : शैली, तर्ज, तरीका

शेवअे जुल्म : अत्याचार का ढंग

शेवअे वेदाद : अनिति और अत्याचार का तरीका

शेवअे लुत्फ : कृपया और दया का तरीक़ा

शेवन : विलाप, मातम, रोना, पीटना

शेवा : भाषण पटु कला पूर्ण भाष में बातचीत करने वाला

शेवावयाँ : जिसकी बात बहुत ही सुन्दर और कला पूर्ण हो

(शै)

शै : वस्तु पदार्थ

शैअे मक़्फ़ूलः : वह चीज जो गिरवी हो

शैअे मत्लूव : वह चीज जिसकी आवश्यकता हो

शैअे मर्हून : वह जीच जो रहन हो

शैअे लतीफ़ : प्रतिभा, जहानत

शैख़ : वूढ़ा, सरदार, कुलका नायक

शैदा : मुग्ध मोहित

शैखुत्तरीक़त : धर्मगुरू, पीर

शैखत्ताइफ : अपने गोत्र या पार्टी का अध्यक्ष

शैखु रईस : रईसो का सरदार

शैखुल जाभिअः : यूनिवर्सिटी कुलपति

शैखुशशुख : तमाम धर्म गुरूओं का गुरू

शैखुख़त : वृद्धा अवस्था

शैखे का मिल : पहुंचा हुआ पीर

शेखे वक़्त : अपने समय का सबसे बड़ा धर्म गुरु

शैखोशाव : बूढे और जवान अर्थात् सब लोग

शैतनत : शैतान पन शरारत उपद्रव

शैताने मुजस्सम : जो सर से पाब तक शैतान हो

शैतानेलअी : बहिष्कृत शैतान

शैद : छत धोखा फरेब

शैदा : मुग्ध अशिक उन्मत पागल किसी चीज के लिये बहुत इच्छुक

शैदाअे अिल्म : विघा प्राप्त करने का इच्छुक

शैदाअे वतन : देश भक्त

शैदाअे हुस्न : सुन्दरता को अधिक पसंद करने वाला

शैन : विलाप रोना धोना दोष

शैपुर : विगुल, नफीरी

शैंव : बुढ़ापा

(शो)

शो : धोने वाला, शोहर पति

शोअे : शौहर भर्तार, पति

शोअबः : शाखा डाली

शोख : चंचल चप्पल

शौखर्गीं : मैला गंदा

शोख चश्म : वेहया, वेशर्म, निर्लज्ज

शोखज़र्वॉ : मुंह फट, बाचाल, मुक्तकंठ

शोखतबअ : चुलबुला, जो विनोदप्रिय खुश मिज़ाज़

शोखिअे तक़रीर : भाषण में विनोद मय शब्दा का प्रयोग

शैखिअे तबअ : विनोद प्रियता

शोखिअे तक्दीर : भाग्य की चंचलता बंद किस्मती

शोखी : चपलता गुस्ताखी बदतमीजी

शौखो शंग : वह व्यक्ति जो बहुत चुलवुला, सुन्दर हो

शोनीज़ : कलौजी प्याज के बीच

शोवीद : धोया हुआ

शोरः : एक खार जिससे वारूद बनती है

शोर पुश्त : वदतमीज फंसादी

शोरः बूम : असर जमीन

शोर ग़ार : फिटकरी

शोर चश्म : जिसकी नजर लग जाती है

शोर पा : जिसके पाव चलते में टकराते हो

शोर पुश्त : अख्खड़पन निरंकुशता

शोर वख्त : अभागा

शोरावः : खारा पानी

शोरिंद : शोर करने वाला

शोरिश : उपद्रव, दंगा सैन्य द्रोह

शेरिशकदः : उपद्रव का स्थान

शोरीद : आतुर, मस्त, दीवाना

शोरीदः खातिर : जिसका दिल परेशान हो

शोरीदः दिमाग : पागल, खब्ती, मिराकी

शोरी दहालः : परिशॉ हाल

शोरी दगी : दीवानगी पागलपन

शोरे कियामत : महा प्रलय का समय

शेरेज़ : खेती के काविल जमीन

शोर तहसीन : शोर प्रशंसा धन्यवाद का शोर

शरे नुशूर : कियामत के दिन

शोरे महवा : वाह वाह का शोर

शोरे मर्सरत : खुशी का शोर

शोर महशर : शोरे कयामत

शेरे मातम : रोने धोने का शोर

शेरो शग़ब : बहुत अधिक कोलाहल

शोरो शर : फसाद का हंगामा

शोलीदः : व्याकुल परेशान

शोशः : सोने चाँदी का डेला

(शौ)

शौ : शोहर, पति

शौकत : वैभव, शानो, शौकत

शौकत अल्फाज : लेख में किलष्ट शब्दों का प्रयोग

शौक अराइश : बनने सँवरने का शौक

शौक वेपायाँ : बहुत अधिक शौक

शौके जौक : बहुत अधिक शौक

शौहरे कुश : पति को मार डालने वाली स्त्री

शौहरे परस्त : पति को ईश्वर की तरह पूजने वाली स्त्री

(स)

संग अंदाज : किले के वह सुराख जिससे बंदूक चलाई जाती है

संग खुर्दः : जिसे पत्थर की चोट आई हो

संग जन : वह तराजू जिसमें पांसग हो

संग जर : कसौटी

संग जाँ : जिसके प्राण मुश्किल से निकले

संग ज़ार : पथरीला स्थान

संग दिल : निर्दयी वेरहम

संग बस्त : काफ़ी मजबूत

संगरू : वेशर्म

संगसार : जिसे पत्थर मार मार कर मार डाला हो

संगी जिगरी : बहुत अधिक निर्दयी हो

संगी दस्त : जो काम करने में बहुत सुस्त हो

संगे आस्ताँ : देहलीज का पत्थर

संगे आहन रूवा : चुम्बक पत्थर

संगे कलाँ : काई वहुमूल्य रत्न

संगे गुर्दः : गुर्दे में पड़ने वाली पत्थरी

सयंगे तरजू : तोलने के वॉट

संगे तिफ्लाँ : वह पत्थर जौ पागल को मारते है।

संगे, तुर्बत : वह पत्थर जो कब्र में सिरहाने लगाया जाता है

संगे नसू : संगेमरमर

संगे पा : झावा जिससे पैर का मैल छुड़ाते है

संगे फ़साँ : वह पत्थर जो छुरी आदि तेज करने के काम आता है

संगे बाराँ : ओला हिमोपल

संगे मजाअत : भूख में पेट पर बांधा जाता है वह पत्थर

संगे मसान : पत्थरी

संगे मील : वह पत्थर जो रास्ते मं दूरी नापने के लिए लगाया जाता है

संगे मूसा : काला पत्थर

संगे रूखाम : संगे मरमर

संगे शिहाब : उल्का पाषाण

संगे सुर्म : वह पतथर जिसका सुरमा बनाया जाता है

संजः : तोलने का वाट

संजिद : तोलने वाला

संजिद गुफ्तार : जिसकी बात में गंभीरता हो

संजीद रफ्तार : व्यवहार और आचरण की गंभीरता

संदूके मुर्द : शव रखने का सन्दूकनुमा ताबूत

सआतदमंद : भाग्यशाली

सआलिब : बहुत सी लोमड़ियाँ

संअीद : तेजस्वी भाग्यशाली

सअूद : ऊँचाई बलंदी यातना

सक़त : लिखने की भूल, अपशब्द

संकतगो : गाली देने वाला, निंदा करने वाला

सक़र : नरक दोज़ख

सकरात : बेहोशी प्राण निकलनते समय का कष्ट

सकरान : मतवाला, शराब के नशे में चूर

स़काफ़त : अकलभेद होना

सक़ीफः : झुठी बात, वकवाद

संक़ीमुल हाल : दरिद्र, निर्धन

संख़त : क्रोध, गुस्सा

संख़ाफत : तुच्छता, ओछा पन बे अक्ली

सख़ी : दानशीलता, दानी

सरवीन : गाढ़ा गफ़ कठोर सख़्त

सख्तगीर : रिआयत न करने वाला पूरी सजा देने वाला

सख़्त बाज़ू : बहुत मेहनत करने वाला

सख़्तगीर : जिसके प्राण मुश्किल से निकले

सख़्तीकश : मुसीबते झलने वाला

सगगज़ीदगी : कुत्ते का काटना

सगजाँ : लालची लोभी, निर्दयी

सगबान : कुत्तो की देख रेख करने वाला

सगसार : कुत्ते जैसा, निकृष्ट व्यक्ति

सग़ीर सिनी : छोटी उम्र बाल्यवस्था

सगीरो कबीर : छोटे और बड़े सब आदमी

सगे ताजी : शिकारी कुत्ता

सगे दीवानः : पागल कुत्ता, बाबला कुत्ता

सजाये ताज़यानः : कोड़े मारने की सजा

सजाये महज़ : साधारण कैद

सजाया : स्वभाव, आदतें

सज़ा वुल : वसूल कानेवाला

सज़ीद : योग्य प्रात्र लाइक

सज्जादः : किसी बड़े फकीर की गद्दी

सज्जाद : बहुत बड़ा आराधक

सज्जअेरियायी : दिखावे की नमाज़

सतर : खच्चर

सत्र : छिपा छिपाव

सद : एक सौ, शत

सदआफरी : बहुत बहुत धन्यवाद बहुत सराहना

सदक : दान, खैरात, न्योछावर

सदफे सादिक़ : जिसमें मोती होता है

सद रहमत : ईश्वर की बहुत बहुत शुक्रिया

सदसालः : सो बरस वाला

सदा : अवाज़ ध्वनि

सदाए ग़ेब : आकाशवाणी

सदाए वेंहगाम : वेवक्त की आवाज

सदाए हक : इन्साफ की बात

सदाकत : सच्चाई सत्यता

सदारत : सभापतित्व अध्यक्षता

सदीक : दोस्त, मित्र

सदीद : सरल सीधा, स्थायी

सदीद : मवाद, पीप

सद्‌इ : छाती, सीना

सद्दे रमकः : तनिक, बिलकुल जरा सा

सद्दे राह : रास्ते का पत्थर

सदमे जाँ कहा : जानलेवा दुःख

सदमे फ़िराक : विरह क्लैश, नायिका से पिछड़ने का दुःख

सद्र दफ्तर : बड़ा दफ्तर जिसके अधीन कई दफ्तर हो

सद्रनशी : सभापति

सद्रमकाम : किसी उच्च अधिकारी का मुख्यालय

सद्र मुदर्रिस : हेड मास्टर

सद्र मुहासिब : महा लेखापाल

सद्री : सीने पर पहने वाली बंडी

सद्र स्सुदूर : चीफ जस्टिस

सद्रे, आजम : प्रधानमंत्री

सद्रे आमीन : दूसरे दर्जे का जज

सद्रे जामिअः : चान्सलर, कुलपति

सद्रे दीवान : मुख्यमंत्री प्रधानमंत्री, महाकोषाध्यक्ष

सद्रे महफिल : सद्रे मजलिस

सनम खानः : वुतखाना मुर्तिगृह

सना दीद : महान व्यक्ति

सनून : दंतमंजनः

सनोवर : चीड़ का पेड़ जो लम्बा और सुन्दर होता है।

सनोबर कद : जिसका शरीर संनोवर कीपेड़ की तरह लम्बा और सुन्दर हो।

सफ अराई : युद्ध में दोदला का सामना

सफ कशी : सेना की चढ़ाई

सफन : मछली मगर का खुरदरा चमड़ा जो तलवार की मूठ में लगाया जाता है

सफवंदी : लाइन लगाना

सफरे वहूरी : जहाज का सफर

सफ शिकनी : सेना की पक्तीयों में दरार डालने वाला

स़फह : वेअक्ली, मूर्खता

सफाइन : नौकाए, कश्तियाँ

सफाअे क़ल्व : हृदय की शुद्धी

स़फ़ाहत : नीचता कमीनापन

स़फ़ी : मित्र दोस्त, स्वेच्छाआत्मा

सफीन : नौका नाव, कश्ति

सफीर : सीटी जो मुंह की आवाज से बजाई जाये

सफेद चश्म : निर्लज्ज़ बेहया

सफेद वख्त : खुश नसीब

सफे मातम : वह फर्श जहां पर शोक प्रगट करने के लिए इकट्ठा हो

सफ्फाबी : अत्याचार , जुल्म

सफ़ूर : वचीज जिस पर रखकर खाना खाया जाता है, दस्तर
ख़ान

सफ़ूला : अधर्म, लोफर

सफ़ूवत : निर्मल साफ

सबक़त : अव्वल आना, बढ़ जाना

सबद : टोकरी डलिया

सबदेगुल : फूलों की टोकरी

सबब : वज़ह मूल कारण

सबलत : मूँद

सबा : पूर्व हवा, मंद समीर

सबाख़िराम : सबा की तरह अठलाकर धीरे धीरे चलने वाली

सबात : दृढ़ता स्थिरता, मजबूती

सबाहत : गोरापन सुन्दरता रूप

सबी : दूध पीता बालक

सबुअीयत : निर्दयता बेरहमी

सबुक ख़िराम : तेल चलने वाला

सबुक ख़ेज : सुबह जल्दी उठने वाला

सुबक दस्त : जो किसी काम में होशियार हो

सबुक दोशी : पिशिन निवृति

सुबे मग्ज : मंदबुद्धि

सबुक रफ्तारी : तेज चलनना

सुबुक रूह : हँसमुख, काम में होशियार

सुबेक संग : अधम, नीच, कमीन

सुबुक हिम्मती : उत्साह साहस की कमी

सबू : शराबकी मटकी

सबूकश : पक्का शराबी

सब्जः खत : जिसकी मूँछ दाढ़ी नयी निकली हो

सव्ज खेज़ : हराभर हरियाली से परिपूर्ण

सव्ज कदम : मनहूस क़दम

सब्जकार : जो हरेक काम सफलता पूर्वक करें

सब्ज वख़्ती : भाग्यवानी प्रताप

सब्जरंग : हरे रंग का

सब्बागेज़मी : रवि, सूरज क्योंकि पृथ्वी पर तमाम प्राणी वनस्पति वर्ग को सूर्य से ही रंग मिलता है।

सब्बावः : तर्जनी अगूठे के पास की ऊँगली

सब्बो शत्म : गाली गलौज़

सब्रतलब : जिसमें सब्र और धैन्य की आवश्यकता हो

समंद : अश्व, घोड़ा

समदीयत : हर प्रकार की इच्छाओं से रहित

समन : चमेली का फूल

समनज़ार : जहाँ चमेली का बाग हो

समनरू : चमेली जैसा उज्जवल मुखवाली

समम : बहरापन

समर : फल़ मेवा

समर : कथा किस्सा कहानी

समरात : परिणाम, नतीजे

समाँ : मंजर नज्जारा दृष्य

समीर : फलदार, वह पेड़ जिससे फल लगे हो

समूअ : सुनना, श्रवण

सम्त : शांति, सुकून, खामोशी

सम्ते जुनूब : दक्षिण दिशा

सम्ते भगरिब : पश्चिम दिशा

सम्ते मशिक पूर्व दिशा

सम्ते शिमाल : उत्तर दिशा

सम्ते मुखालिफ़ : विरोधी दल

सम्न : धी धृत

सम्मी : विषाक्त

सम्लाम : तेज तलवार

सय्याग : सुनार

सय्याद : शिकारी

सय्यार दॉ : ज्योतिषी नुजूमी

सय्यिआत : बुराइयाँ, खराबियाँ

सरेजाम : अन्त आखिरी पूर्ति तकमील

सरकश : विद्रोही, वागी

सरकोब : सर कुचलने वाला

सर खुशी : हल्का नशा

सर गर्मेंकार : किसी काम पूरी तनमयता से लगा हुआ

सरगश्तः : परीशान, रास्ते भटका हुआ भूला हुआ

सर गिराँ : रूष्ट अप्रसन्नता

सरगोशी : काना फूँसी

सर चंग : थप्पड़ चॉटा

सर चश्मः : सोता उदगम, स्त्रोता

सरज़दः : वेखबर

सरज़न : अवज्ञाकारी

सरतांबी : अवज्ञा हुक्म उदूली

सरतासर : शुरू से आखिर तक

सरतंजः : लंबी पतली छुरी

सर दफ्तर : हेड क्लर्क, दफ्तर का इंचार्ज

सरनाम : प्रसिद्ध मंशहूर

सरनिगूँ : लज्जित शर्मिदा

सरपंजः : हाथ का पंजा, शक्तिशाली जालिम

सरपरस्त : जो पालन पोषण करे

सरपोश : ढक्कन

सर पोशीदः : कुंवारी लड़की

सर बंद : जिसका मुंह बंद हो

सर बख़श : किसी वस्तु के कई भागों में से सबसे बड़ा भाग

सर बज़ानू : उदास चिंतित

सरबर : सर वलंद

सर बराह : प्रबंधक मुंतज़िम

सर वलंदी : प्रतिष्ठा इज्जतदारी

सरवस्तः : मुंहवंद

सरवाज़ : सिपाही, सैनिक

सर बंजारी : अधम नीच, लोफर

सरबार : सर को बोझ

सरमस्ती : उन्माद वदमस्ती

सरमायदारी : पूंजीवादी रूपया लगाकर गरीबों की मेहनत से नाजइज़ फायदा उठाते है

सरबर : सरदार, प्रधान

सरशीर : दूध की मलाई

सर सोजन : सुई का नाका

सरा : मकान घर, गानेवाला

सराइंद : गाने वाला गायक

सराओफानी : मृत्यु लोक

सरापा : सर से पॉव तक का वर्णन

सराब : मृग तृष्णा

सरासीमः : आतुर व्याकुल, वदहवास

सराहत : सविस्तार, तफ़सील

सरी : सरदारी अध्यक्षता

सरीअुलअसर : जल्द प्रभाव दिखाने वाला
सरीयः : काम छोड बैठना,
सरीर : सिंहासन तख्त
सरीरत : भेद रहस्य मर्म, राज
सरीह : खुल्लम खुल्ला
सरेवाम : अटारी पर, छत पर
सेर वाली : सिरहाने
सरो सामान : जिंदगी का जरूरी सामान
सर्द बाज़ारी : बजार भाव मन्दा होना
सर्द मेही : कठोरता, बेरहमी
सर्दाब : तहखाना
सर्माई : जाडे में पहनने के कपड़े
सर्माअेगुल : गुलाबी जाड़ा
सर्माअे तल्ख : कड़ा जाड़ा
सर्वत : मालधारी, ऐश, समृद्दि
सर्सर : गर्महवा, लू
सलफ़ : पूर्वज
सलाअें आम : सबकी दावत, सार्वजनिक निमंत्रण
सलातीन : शासकगण
सलाबत : कठोरता सख्ती
सलामत वाशेद : जीवित रहो, जिन्दा रहो
सलासत : नम्रता नर्मी
सलासते ज़बान : भाषा की मृदुलता
सलासिल : जंजीरे, वेडियाँ
सला हीयत : भलाई, अच्छाई
सलीकःमंदी : तमीजदारी, सभ्यता, तहज़ीब
सलीकः : सलग्न नत्थी

सलीम : गंभीर, शांत

सलीस : नर्म कोमल, आसान

सलुअः : बड़ा मस्सा

सल्ख : खाल खींचना

सल्ज : वर्फ

सवाअक़ : आसमान से जमीन पर गिरने वाली बिजली

सवानिहे हयात : जीवन का सविस्तार लेख

सवानेह नवीसी : इतिहास लिखना जीवनी लिखना

सबाव : उत्तम, ठीक, हकीकत

सवाबकदीद : अच्छी राय, अच्छी तजवीज़

सवारिक : चोर लोग

सवारिम : धारदार तलवारे

सवालिफ : पूर्वज

सवाली : याचक, माँगने वाला

सवाले वसल : नायक की ओर से नायक से मिलने की
इच्छा का इजहार

सवाहिल : समुद्रतट

सहर : प्रभात प्रातकाल

सहरखेज़ी : तड़के उठने का अभ्यास

सहरगी : रोजे के पहली रात का खाना

सहरदम : गजरदम

सहाबः : मित्रता करना

सहाह : स्वस्थ, तन्दूरस्त

सहीफः : पुस्तक, धर्मगन्थ

सहीम : भांगीदार, हिस्सेदार

सहीह : सत्य सच

सही हुज़्ज़ेह : जिसकी बुद्धि ठीक हो विवेकशील

सहीहुल फहम : जो बात अच्छी तरह और जल्द समझाता है

सहनेमकाँ : घर का आंगन

सहबा : मदिरा, मद्य शराब

सहम : कमान से छूटा हुआ तीर

सहमुल मौत : मौत का तीर

सहरा : कानन, वन, जंगल

सहराए महशर : सहराए कयामत

सहराए लक्क़ोदक : अतः मैदान जहां जहाँ ना पेड़ हो ना पानी

सहरा गर्दी : जंगलों में मारा मारा फिरना

सहरान वर्द : जंगलों में छानबीन करने वाला

सहरान नशी : जंगल में रहने वाला

सह लंगर : आलसी, सुस्त

सह लुलअमल : वह काम जो सुगमता से हो जाये

सह लुहुसलअ : ऐसा जो सरल जान पड़े पर करना मुश्किल हो

सहव : होशियारी

सहबून : अनजाने में

सहेव कलम : कलम से कुछ का कुछ लिखा जाना

सहहाम : तीरंदाज़

सहवे सज्द : नमाज में याद न रहना

(सा)

सां : समान

साअ : नीची जमीन

साअते अुभूमी : घंटाघर

सअते नहस : बुरी घड़ी अशुभ महूत

सांअते मज्लिसीः : दीवर की घड़ी

साअते संगी : मुसीबत का समय

साअक : गिरने वाली बिजली

साअकः जा : बिजलियाँ पैदा करने वाला

साइक़ : अंधे को पीछे से सहारा देकर बढ़ाने वाला

साइग़ : सुनार

साअद : कलाई

साअद्र : उपर चढ़ने वाला

साइबान : मकान का छज्जा

साइबुरयि : जिसकी राय बहुत ठोस हो

साइबुल अक्ल : जिसकी बुद्धि ठीक सोचती है

साइम : रोजा रखने वाली स्त्री, पुरूष

साइल : भिखारी

साइल वकफ़ : जिसके पासा मांगने का वर्तन न हो हाथ में मांगने वाला

सांआी : कोशिश करने वाला

साईदः : पिसा हुआ चूर्णित

साक़ : पिंडली

साक़िअे कौसर : कौसर की शराब पीने वाला साकी

साकित : मौन चुप

साकि तौसमित : जो न बोले न हिले डुले

साकिन : ठहरा हुआ जिसमें हरकत न हो

साकिब : चमकने वाला, प्रकाश मान

साकियः : शराब पीने वाली स्त्री, छोटी नदी

सांकी : शराब, पिलाने वाला

साकेन : दोनों पिंडलियाँ

साख्तः : बनाया हुआ, नकली, जाली

सांख्त ः बनावट, गढ़ंत

सागरे सरशार ः शराब से लवालब

साजगार ः अनुकूल, मुआफ़िक

साजगरी ः अनुकूलता

साज़वाज़ ः गठजोड, साजिश

साजिद ः ईश्वर के आगे झुकने वाला, सजदा करने वाला

सातिर ः छिपाने वाला

सातूगी ः प्रेयसी, नायिका, माशूक

साद ः कोरा वेदाग, साफ दिल

सादकार ः सादा हल्का काम करने वाला सुनार जो जेबरो पर अच्छा काम करे

सादः पुरकार ः जो दीखने में सीधा हो परन्तु बड़ा चतुर हो

सादःरू ः जिसकी कम दाढ़ी मूँछ आई हो

सादःलौह ः भोलाभाला बुद्धु मूर्ख

सादात ः खानदान के लोग बुजुर्ग लोग

सादिक ः सच्चा, बफादार

सादिर ः आतुर, परेशान

सान ः चाकू या छुरी पर धार रखने का पत्थर

सानिअ मुल्लक ः ईश्वर

सानिहः ः मुसीबत बुरे समाचार

सानिहअ इर्तिहाल ः किसी के मरने की दुर्घटना

साफिअ मय ः शराब छानने का कपड़ा

साफिल ः निकृष्ट, नीच

साफी मनिश ः सदाचारी अच्छे स्वभाव वाला

सांफो शफ़्फ़फ़ ः बहुत ही निर्मल स्वच्छ

साबिक ः आगे बढ़ जाने वाला

साबिके दस्तूर ः जैसे पहले था वैसा ही

सबित क़दम : जो अपने इरादे पर अटल रहे

सबिर : सहनशील

साबी : धर्म परिवर्तन करने वाला

साम : सूजन पीड़ा

समाने जीनत : अपनी सजावट का समान

सामिअः : श्रवण शक्ति

सामिअः खराश : जो कानों को प्रिय लगे

सामिअ नबाज़ : जो कानो को प्रिय लगे

सामिअीन : सुनने वाले

सामित : मौन चुप, खामोश

सामिरी फ़न : जादूगरी, मायावी

सामी : उच्च पूज्य बुजुर्ग

सायः अफगन : कृपा करने वाले

सायः गाह : पनाहगाह इत्मीनान की जगह

सायः पर्वदे : लाड़ प्यार में पला

सायःरूस्त : लाड़ प्यार में पला हुआ

सयअे आतिफ़त : अर्थात कृपा और दया

सायअेदस्त : हिफ़ाज़त

सारः : आड़, ओट, परदा, रिश्वत

सारबान : ऊँट वाला

सारिक : चोर तस्कर

सारिफ़ : खर्च करने वाला

सारिम : बहुत तेज तलवार

सारी : प्रवेश करने वाला

साल खुर्द : व्योवृद्ध, बूढ़ा

साल व साल : हरसाल, हर वर्ष

सालिक : पथिकः बटोही

सालिफ : गुजरा हुआ पूर्वज

खालिस : विचौलिया पंच

सालिह : साध्वी

साली : पुराना जीर्ण

सालूस : चापलूस, मक्कार

साले आइंद : आगामी वर्ष

साले अीसवी : जो हजरत ईसा के फॉंसी पाने के समय से चला

साले कमरी : वहसाल जिसके महीनो का हिसाब चॉंद की घटा बढ़ी से चले।

साले गुज़श्तः : गत वर्ष, वीता हुआ साल

साले पैवस्तः : गुजरा हुआ साल

साले खाँ : चालू साल

सास : खटमल

साहिबर्शय : जिसकी राय अच्छी और संजीद हो

साहिवुल जरीद : अखबार का मालिक

साहिवे अख्लाक : जिसका व्यवहार अच्छा हो

साहिवे इक्तिदार : जिसके हाथ में सत्ता हो

साहिवे इक्वाल : प्रतापी, तेजस्वी

साहिबे औसाफे हमीद : अच्छे गुणों से परिपूर्ण

साहिबे कुद्रत : सार्मथवान, शक्तिशाली जोरावर

साहिबे खानः : गृह स्वामी, घर का मालिक

साहिबे ज़माल : रूपवान, सुन्दर, हसीन

साहबे ज़िलुअ : जिलाधीश, कलेक्टर

साहिबे जुका : तेज बुद्धि, प्रतिमावान

साहिबे जोक़ : सहद साहित्य का प्रेम

साहिबे तदवीर : सियासत्दाँ बुद्धिमान

साहिबे दर्द : दयालु, दयावान

साहिबे दानिशः : अकलमंद, बुद्धिमान

साहबे दिमाग़ : अहंकार, धर्मण्डी

साहिबे दिल : रहम दिल, महात्मा

साहिबे दिवान : वह शायर जिसका दिवान पूरा हो गया हो और छप गया हो

साहिबे नज़र : दोष गुण को पहचानने वाला

साहिबे नियाज : भक्त

साहिबे निस्बत : किसी बड़े खानदान से संबंध रखने वाला

साहिबे नुफ़ज : जिसकी कही पैठ हो

साहिबे फिराशे : बीमार, रूग्ण रोगी

साहिबेमक दूर : धनवानः मालदार

साहिबे महबस : कैदी

साहिबे रीश : जिसके दाढ़ी हो

साहिबे रेश : जिसके शरीर में काई धाव हो

साहिबे विलायत : जिसके अधीन कोई इलाके हो

साहिबे सज्जादः : गद्दी नशीन

साहिबे हया : स्वभाव में शर्मीलापन हो

(सि)

सिंगर : छोटा नेजः

सिदवाद : अर्जक एक किताब जिसमें उपदेश है

सिंदान : वह लोहा जिस पर रखकर लोहा पीटा जाता है

सिंदीद : अपने वंश का प्रतिष्ठित और महान व्यक्ति

सिअत : विस्तार लम्बाई चौड़ाई

सिआयत : चुगल खेरी निंदा

सिंके जुबीन : सिर्के मिला हुआ नीबू का शर्वत जो दवा के काम आता है

सिकंदर सौलत : सिकन्दर जैसा रोब दाब वाली
सिक : सिरका
सिक़ात : विश्वत लोग
सिकाम : रोगी लोग
सिकायत : पानी पिलाना
सिकालिश : ध्यान, चिंता, परामर्श
सकीजः : बात चलाना , दुलती मारना
सिक्कः : रूपया पैसा, मुंद्रा छाप
सिक्कओ का सिद : जाली सिक्का
सिक्कओ राइज़ : सिक्का जो चलन में हो
सिक्ले वतन : अपच बदहज़मी
सिक्ले समाअत : बहरापन
सिख़्त : मोटाई, दल
सिग़र : लघुता, छोटाई
सिग़र सिन : अल्प वयस्क, कम उम्र
सिग़ार : छोटी उम्र के लड़के
सिग़ारे किबार : छोटे बड़े बच्चे और जवान सब
सिगाल : चिंत, फिक्र
सिगालीदनी : सोचने योग्य, विचारने योग्य
सिजंजल : दर्पण, आईना
सिजाफ़ : कपड़े में चारो और लगाई जाने वाली गोट
सितम गिर्वींदगी : अत्याचार पर मुग्ंध होना
सितम ज़द : जिस पर सितम हो
सितम जरीफ़ : जो हँसी हँसी में अत्चार करें
सितम पर्वदः : जिसका जीवन सितम सहते बीता हो
सितम शिआरी : स्वभाव में अत्याचार होना
सिता : अपनी प्रशंसा करने वाला

सितइंद : प्रशंसक
सिताईद : प्रशस्तः तारीफ किया हुआ
सिताज़न ः सितार बजाने वाला
सितारः दौ : ज्योतिषी
सिताम : घोड़े का आभूषण
सिती : साध्वीसती
सितूदः सिफात : अच्छे गुणों वाला
सितूद कार : जिसका काम काबिले तारीफ हो
सितेज : युद्ध जंग
सिदूक : सत्यताः सच्चाई
सिदक मकाल : सच बोलने वाला, बात का धनी
सिदकशिआरी : सच्चाई पर दृढ़ता
सिद्दीक़ : सच्चा दोस्त हरहालत में विश्ध्वास करने योग्य
सिन : आयु
सिनटजीद : व्योवृद्ध, बूढ़ा
सिनॉकश : तीरंदाज
सि नीने माजिय : बीते हुए साल
सिनीने मुस्तक्विल : आने वाला साल
सिने वुलूग़ : बालिक होने की उम्र
सिने शैख़ूखत : जरावस्था, बुढ़ापा
सिन्फे नाज़ुक : महिलाये
सिपंजी : चदंरोज
सिपर : ढाल
सिपर अंदाजी : आत्म समर्पण करना
सिपरी : समाप्त, खतम
सिपास : गुणगान, प्रशंसा, तारीफ
सिपास गुज़ार : तारीफ करने वाला

सिपाही वचः : सिपाही का लड़का

सिपिह : आकाश, गंगन

सिपुर्दगी : हवालात, हिरासत

सिपुर्दार : कुर्कीका माल

सिपेदःदम : गजरदम, बहुत तड़के

सिफ़त : प्रशंसा, तारीफ

सिफ़ाक़ : आतों पर चढ़ी हुई एक बारीक झिल्ली

सिफ़ाती : वह दोष और गुण जो किसीके स्वभाव में स्थाई रूप से न हो

सिफाते हसन : अच्छे गुण, खूबियां

सिफ़ाद : बेड़ी, हथकड़ी

सिफानत : जहाज, व नाव बनाने का फन

सिफारत खान : दूतावास

सिफाल : मिट्टी के वर्तन

सिफाह : व्यभिचार, बुरा काम

सिफ्ल : अधम, नीच

सिफ़्ल नवाज़ : कमीनों को बढ़ावा देने वाला

सिल्फः मज़ाक : निम्न को टीका मजाक जिसका मजाक का साहित्य गंदा हो

सिफ़ूवत : श्रेष्ठता, उत्मता, बुजुर्गी, पाकी

सिबाअ : फाड़खाने वाले जानवर

सिबाहत : तैरना

सिव्त : नवासा

सिमाह : गाना सुनाना

सिमात : चटाई, कतार, पंक्ति

सियह वादाम : वह सुन्दर स्त्री जिसकी आखें काली

सियाक़ : गणित हिसाब

सियाक़ो सिबाक़ : किसी बात का अगला पिछला जिससे बात समझने में आसानी हो

सियादत : प्रतिष्ठा बुजुर्गी

सियानत : निगहबानी, निगरानी

सियाम : रोजों का महिना

सियासते मुदन : नगर का प्रबन्ध

सियाहः : माल के दफ्तर की कच्ची वही

सियाह : जोर की आवाज़ चीख

सिहाय क़लम : वह चित्र जो बिलकुल काला बनाया जाये

सियाह क़ल्व : पापात्माः पापी

सियाह काम : नाकामयाब, असफल, मनोरथ

सियाह कार : पापाचारी, पापी

सियाहकासः : कंजूस

सियाह ख़ान : मुसीबत का घर

सियाह गलीम : अभाग़ा वदकिस्मत

सियाह गोश : एक कुत्ते के बराबर का जानवर जिससे शेर डरता है

सियाह चर्दः : काले रंग वाला हव्शी

सियाह चश्मी : जिसकी आंखे काली हो, शिकारी चिड़िया

सियाहत : देश देश घूमना

सियाहदरूँ : जिसका दिल काला हो

सियाहदस्त : कंसूज

सियाह पीर : पुराना खिदमती स्वामी भक्त

सियाहबख़्ती : भाग्य का बुरा होना

सियाहबालिन : पापात्मा दुराचारी

सियाहमस्त : बहुत अधिक मस्त

सियाह मू : जिसके बाल काले हो जो अभी जवान हो

सियाह रोज़ : जिसके दिन खराब हो
सियाह रोज़गार : मुसीबत में, भाग्यहीन
सियाह सर : मगरमच्छ
सिराज : दीपक चिराग़
सिरात : मार्ग पथ
सिते मुस्तकीम : सरल मार्ग धर्म पथ सच्चाई का रास्ता
सिरिश्क : नेत्रजल अश्रु (आँसू)
सिकजबी : चिड़चिड़
सिर्वाल : वस्त्र, पहनने के कपड़े
सिरे पिनाहाँ : गुप्तभेद ऐसा राज जो कहा न जा सके
सिलः : प्रतिकार बदला
सिलैहरहिम : अपने परिवार वालों से प्रेम करना, उनकी यथा
शक्ति उनकी साहता करना
सिलह खान : जहाँ शस्त्र रखे जाते है
सिलहदारी : सिपाही का पेशा
सिंलह पॉश : हथियार बंद
सिल्के कहरूबाई : बिजली का तार
सिल्के मर्वारीद : मोतियो की लड़ी
सिल्सिलः : जंजीर पंक्ति
सिलसिलनअे कलाम : बातों का सिलसिला
सिल्सलअे कोह : पर्वत माला
सिल्सिलअे नसब : वंशावली, वंशानुक्रम
सिल्सिलअे हारिसात : घटनाओं का सिलसिला
सिंह गून : तीन गुना
सिंह ज़मानी : तीन कालो से संबंध रखने वाला, त्रिकालिक
सिंह मंजिलः : तीन खड़ां वाला घर
सिंह माहः : तीन महिने की आयु

सिंह शंवः : मंगलवार का दिन
सिंहर अंगेज़ : आश्चर्यजनक
सिहर आफूरी : चमत्कार दिखाने वाला
सिहर कलाम : जिसकी बातों में जाद हो
सिहूरकार : जादूगर, मायावी
सिहर संज : जादूगर, मायाकार
सिहरे हलाल : कविता का जादू
सिहहत आफजा : तनदुरूस्ती बढ़ाने वाला
सिंहहत खान : सेडास, शौचालय

(सी)

सी : तीस
सीकनक : आहिस्तः धीरे
सीख़ पर : चिड़िया का वह बच्चो जिसके पर अभी निकले
हो
सिखया : पिछले पैरो पर खड़ा हुआ घोड़ा
सीगअे मुतकल्लिम : उत्तम पुरूष
सीगअेराज़ : गोपनीय बात
सीत : चर्चा, जिक्र
सीन अफ्गार : जिसका हृदय फट गया हो वदीर्ण हृदय
सीनः कावी : कड़ी मेहनत, कड़ा प्रयास
सीनः कोवी : छाती पीटना, मातम
सीन चाक : जिसको कोई बहुत बड़ा दुख सहना पड़ा हो
सीनः जनी : छाती कूटना, मातम करना
सीनः फिगार : जिसको कोई बहुत ही बड़ा शोक सहना पड़ा
हो
सीनः बांज : खुले सीने का, चौड़े सीने वाला
सीनःसाफ : साफ दिल का

सीनः सिपर : डटकर सामने से मुकावला करने वाला

सीनःसोख्त : मुसीबत का मारा हुआ

सीम : रजत चांदी

सीमकुश : फुजूल खर्ची

सीम गिल : पोतने की मिट्ठी

सीमा : ललाट भाल, माथा

सीमीअंदाम : उज्जबल शरीर वाला

सीमोजर : सोना, चांदी अर्थात् धन दौलत

सीनःजोर : अत्याचारी जालिम

सीनः दरी : शोक में अस्त व्यस्त होना

सीनः फिगार : जिसको कोई बहुत बड़ा दुख सहना पड़ा हो

सीनःबाज : चौड़े सीने वाला

सीन रेश : जिसका हृदय घायल हो

सीनः सिपर : डटकर मुकाबला करने वाला

सीन सोख़्त : मुसीबत का मारा हुआ

सीम : रजत़ चांदी

सीम अंदाम : चांदी जैसा वदन, गौर वर्ण

सीम कारी : हावभाव, नाजो अंदाज़

सीम कुश : फुजूल खर्ची

सीम जनक : जिसके दाढ़ी न हो

सीमतन : चांदी जैसा शरीर वाला

सीमसाक : जिसकी पिड़लियां चाँदी जैसी गोरी और सख्त हो

सीमा : ललाट, माथा, भाल

सीमावगूं : पारे के रंग वाला

सीमा व दरगोश : जो ऊँचा सुने

सीमा वदिल : उतावला, अधीर

सीमी : चांदी का, चाँदी जैसा

सीमीःअिजार : रजत कपोला

सीमोज़र : सोना और चांदी अर्थात् धन दौलत

सीर : लहसुन

सीरतः : स्वभाव, प्रकृति

सीली : चारो ऊँगलियों को खड़ा करके किसी के गर्दन पर मारना

(सु)

सुअूबत : कष्ट दुशवारी, पीड़ा

सुकुर्र : कुल्हड़

सुकूत : मौन चुप्पी

सुकूनती : रहने योग्य, जैसे रहने योग्य मकान

सुकूबे अबदी : मौत मरण हमेशा के लिए सुकून और शान्ति

सूकूने आरिजी : थोड़े दिन का इत्मीनान

सुक्ना : निवास, बसना

सुक्बः : छेद सुराख

सुक़्म : रोग, बीमारी

सुख़न : वार्ता बात कथन

सुख़न ऑफ रीनी : कविता, शाइरी

सुख़न आरा : कवी शाइर

सुख़न गुस्तर : कवी शाइर

सुख़न गोई : कविता शाइरी

सुख़न चीनी : ऐब ढूढ़ना

सुख़न तकिय : वह शब्द जो किसी व्यक्ति में बार बार बोलने की आदत हो चाहे उसकी आवश्यकता हो या नहीं

सुख़नःनवाजी : कवियों का आदर

सुख़न पर्व : हठधर्मी

सुखन फरामोश : बादा भूल जाने वाला

सुखन फ़हम : कविता का मर्मग्य जानने वाला

सुखन बाफ : बातूनी वाचाल

सुखतशनौ : बात समझकर उसकी कद्र करने वाला

सुखन सरा : कविता तरन्नुम में पढ़ने वाला

सुखन साज़ : कवि, शाइर बातो का मक्कार

सुखने गर्म : तेज बात, गुस्से की बात

सुखने तल्ख़ : कड़ी बात, सच्ची बात

सुखूनत : उष्णाता, गर्मी

सुखरः : बेगारी बिना मजदूरी का काम

सुख्रत : हँसी उड़ाना

सुखरी : पश्चाताप, अफसोस

सुख्रीयः : मनोविनोद फक्कड़पन, मस्खरापन

सुग़रा : छोटी स्त्री हट छोटी चीज़

सुतूअ : बलंद होना, ऊँचा होना

सुतूदः : जिसकी तारीफ की गयी हो

सुलूदः सिफ़ात : अच्छे गुणों वाला

सुतूने जराइद : अखबार का कालम

सुतूरे जैल : लेखके के नीचे लाईने

सुतूरे बाला : लेख के ऊपर की लाईन

सुतोह : गो, वृष, बैल ऊँट अश्व

सुलोह : तेज आया हुआ दुखित

सुदाअ : सिरदर्द, पीड़ा

सुदाब : तितली

सुफाल : मिट्ठी का बर्तन

सुफ़्यान : पाक, साफ

सुपरः ची : खाना खिलाने वाला खान सामा

सुफूरची : दस्तखान का झूठा खाना खाने वाला अर्थात गुलाम

सुफ्ला : बहुत नीच निकृष्टा अधमा

सुबू : घड़ा मटका

सबूदान : घड़ा मटका रखने की टिकटी

सुबूह खेज : जिसे तड़के उठने का आदत हो

सुबेह बहार : बसंत रितु की शुरूआत

सुमूत : चुप रहना, खामोशी

सुमूचः : जमीन के अन्दर गुफा

सुराद्िक : बड़ा तबूं

सरूरे दाइमी : हमेशा रहने वाला आनन्द

सुरैया : झुमका, रोशनी की झाड़

सुरोद : गाना, गीत

सुरोदी : गायक, गवैया

सुरोशे ग़ैब : आकाशवाणी करने वाला

सुअर्त : उताबलापन फुर्ती, चुस्ती

सुर्खगूँ : जिसका लाल रंग हो

सुर्खचः : छोटी चेचक

सुर्खूमू : जिसके दाढ़ी, सर के बाल लाल हो

सुर्खरू : सफल कामयाब

सुर्खिअे शफ़क : सबेरे या शाम की लाली

सुर्ना : शहनाई

सुर्फ : खाँसी

सुफिदः : खौसने वाला

सलूके बद : बुरा बरताव

सुलूज : पाला पड़ना

सुल्फः : सुबह का हल्का नाश्ता

सुल्लम : सोपान सीढ़ी

सुल्स : तीसरा हिस्सा

सुलहख़ू : जिसके स्वभाव में मेल जोल हो

सुलाह किशकन : सुलह तोड़ने वाला

सुस्तगो : सोचकर धीरे धीरे बात करने वाला

सुस्त पैमा : वादे का कच्चा

सुस्तरीश : मूर्ख मूढ़: अज्ञान

सुहैल : एक प्रसिद्ध तारा जो यमन देश में दिखाई देता है

सुहवते तालेह : बुरी संगत

सुहवते सालेह : अच्छे आदमीयों की सौवत

(सू)

सू : मदिरा शराब

सू : निकृष्ट, दूषित, खराब

सूअे इत्तिफाक : बुरा इत्तिफाक

सूअे अेतिकाद : अश्रद्धा

सूअे अैतिबार : अविश्वास

सूअे खुल्क : अशिष्टता

सूअे चर्ख : आसमान की तरफ

सूअे जन : किसी की ओर से बूरी धारणा

सूअे जमी : पृथ्वी की ओर

सूअे तदबीर : प्रयत्न या उपाय, कोशिश या इलाज न होना

सूअे तनफ्फुस : सांस का उखड़ना या सांस का ठीक न चलना

सूअे तारीक : रास्ते का बवड़ खाबड़ होना

सूअे दिमाग : दिमाग की खराबी पागलपन

सूअे हज्म : हाजिमे की खराब

सूक़ : बाजार हाट

सूकियानः : बजारू, लौफरों जैसा

सूची : मदिरा बेचने वाला

सूद : घिसा हुआ चूर चूर्ण

सूदअे अल्मास : हीरे की घिसन

सूद मंदी : लाभ कारिता

सूदौ जियाँ : लाभ हानि, नफा, नुकसान

सूनिश : लोहे ताॅब का बुरादा

सूफ : उनी कपड़ा

सुफियाना : हल्के रंग का

सूफी : सारे धर्मोंसे प्रेम करने वाला

बदारदार : गर्वनर सूखे का शासक

सूब परस्ती : अपने सूबे का पक्षपात

सूबसू : चारो और हर तरफ

सूम : लहसुन

सूरत आश्ना : जो केवल सूरत पहचानता हो

सूरत गरी : चित्रकारी

सूरत परस्त : उपरी टीपटाप देखने वाला हुस्न का पुजारी

सूरत बाज़ : वह रूपिया, नक्काल

सूरत हराम : जोबिल कुल निक्मा हो

सूराखे गोश : कान का छेद

सूराखे बीनी : नाक का छेद

सूस : मुलैठी का पेड़

(से)

सेवे जकन : सेव के आकार की हड्डी ठोड़ी

सेर आहग : जिसकी आवाज बड़ी और भारी हो

सेर खोर : पेट भरकर खाने वाला

सेर चश्म : खिलाने पिलाने में दिलवाला

सेर हासिल : वह जमीन जो उपजाऊ हो
सेराब : पानी से सींचा हुआ
सेराबी : संतोष, इत्मीनान
सेली : थप्पड़, तमाचा चाँटा

(सै)

सैकल : तलवार आदि को रगड़कर उसमें चमक पैदा करना
सैकली : वह पत्थर जिस पर रगड़कर तलवार आदि में धार पैदा करते है
सैद : मृगया, आखेट शिकारी
सैद अफ़गान : शिकारी
सैद कुन : शिकार करने वाला
सैद गाह : वह जंगल जिस पर शिकार खेला जाये
सैद गीर : शिकार पकड़ने वाला जाल
सैदा : वन, कानन
सैद ज़वूँ : बहुत ही छोटा शिकार
सैद रमीदः : गोली खाकर भागा हुआ शिकार
सैफ़ : तलवार खड़क जिल्द साजो का वह औजार जिससे कागज काटते है
सैफ : गर्मी का मौसम
सैफ़ज़वाँ : जिसकी जवान में तलवार जैसी काट हो
सैफी : एक व्यभिचार जिससे शत्रु का मारण करते है
सैफ़ूर : एक काला बहुमूल्य रेशमी कपड़ा
सैफोक़लम : तलवार और कलमें
सैरगाह : सिपाहीपन और कलाकारी सैर करने का स्थान
सैराफ़ी : सर्राफ खोटा और खरा सिक्का परखने वाला
सैरे अफ़्लाक : आसं मानो का भ्रमण
सैर क़मर : चाँद की सैर

सैल : पानी का बहाव

सैले अरिम : जोर की वाढ़

सैले अश्क : आंसुओं की वाद

सैले हवादिस : आपत्तियों की बाढ़

सैह : चीख चित्रकार

सैहूनियत : यहूदीपन

(सो)

सोक : दुख, विषाद, रंज

सोख्त : जला हुआ

सोख्तः किस्मत : बद किस्मत

सोख्तः जाँ : दिलजला, अर्थात प्रेमी

सोख्तपा : जो कही आने जाने से असमर्थ हो

सोख्तः बाल : वेबस, लाचार

सोख्तनी : जलाने के काबिल जैसे सोख्त की लकड़ी

सोग : मृत शोक, मातम

सोगनाम : शोक पत्र

सोगियान : मातमी लिबास

सोज़ : जान का जलाने वाला

सोजनकारी : सूई से बनाया हुआ कपड़े पर वारीक काम

सोजनाक : दग्ध, जला हुआ

सोजनी : कपड़ा पंलग पर बिछाने का

सोज़िशे दुरूँ : हृदय की जलन प्रेम की आग

सोस : गेहूँ का कीड़ा घुन

सेहान : रेती, रेतने का यंत्र

(सौ)

सौत : ध्वनि, आवाज

सौत : कोड़ा, चाबुक

सौते हमीर : गधे की रेंक
सौदा : बेचने का समान
सौदाई : पागल प्रेमी वेअक्ल
सौदाअेखाम़ : पागलपन, मिराक
सौदा ज़द : पागल, मिराकी प्रेम अनुरागी
सौदा न : काले रंग का मनुष्य
सौदा वियत : पागल पन
सौब : पहनने का कपड़ा
सौबान : वापस लौटना
सौम : व्रत, रोजा
सौमअः : इलादत खाना, मंदिर
सौरः : उपद्रव, विद्रोह
सौर : बैल साँड़
सौरान : उपद्रव, दंगा
सौलते शाही : शही दबदबा
सौसनी : नीले रंग का
सौहसगीर : नर्म, मुलाइम
सौहान जदः : रेता हुआ

(ह)

हंगामाः ख़ेज : उपद्रव, क्रान्ति उत्पन्न करने वाली बात

हंग़ामाः गर्मकुन : उपद्रव करने वाला

हंग़ामा पर्दाज : फ़साज पैदा करने वाला

हंग़ाम वन्दी : दिखावा, तड़क भड़क

हंग़ाम अेकार जार : लडाई का हंगामा, युद्ध

हंगामाअे मर्ग : मौत का शधोर गुल

हंग़ामाअे नजअ : प्राण निकालने का समय

हंगुफत्न : मोटा, स्थूल, गफ़ दबीज

हंजरः : केठ गला

हंजार : शैली ढंग नियम क़ायदा

हक़ अंदेश : सच्ची बात सोचने वाला भलाई चाहने वाला

हक आगाह : सत्य निष्ट, बा ईमान

हक़ तल़फ़ी : किसी का अधिकार भारा जाना

हक़नाश नासी : एहसान, फरामोशी

हक़ नियोशी : सच्ची बात सुनने वाला

हक़ परस्त : सत्य का पुजारी

हक वजानिव : जो अपनी बात में सच्चा हो

हक बीनी : सत्य का पक्ष लेना

हक़म : पंच मध्यस्थ

हक़ रसानी : किसी का हक दिलाना

हक़ाइक पसंद : हकीकत को पसद करने वाला

हकारत : तिरस्कार, अपमान

हक़ीक़ते नफ्सुल उम्र : घटना की वास्तविकता

हक़ीक़ी : सच्चा, असली

हकीमानः : अक्ल मंद

हक़ीर : तुच्छ बहुत कमीना बहुत ही छोटा

हक़्क़ा : खुदा की कसम

हक़्क़ाक : छीलने वाला, नगीना तराशने वाला

हक़्क़ानी : ऐसे गाना जिसमें खुदा का जिक्र हो

हक़्क़ानीयत : सत्यता, सच्चाई

हक़्क़ुज़्ज़हमत : किसी काम का पारिश्रमिक

हक़्क़ुल मेहनत : कमीशन परिश्रमिक

हक़्क़े आसाइश : वह अधिकार जो एक व्यक्ति दूसरे को देने के लिए बाध्य हो

हक़्क़े जौजीयत : वह अधिकार जो पत्नी को पति पर प्राप्त है

हक़्क़े मुरूर : आने जाने का हक जो प्रत्येक व्यक्ति को प्राप्त है

हक़्क़े शुफ़अः : पड़ोसी का पड़ोस के मकान और जमीन पर हक

हक़्क़ो सदाक़त : सत्यता और यथार्थता

हज़न : दुख क्लेशः कष्ट

हजयान : बड़बड़ाहट, बकवास

हजर : बचाव, उपेक्षा, परहेज़, डर

हजर : पाषाण, पत्थर

हजरी : पत्थर का बना हुआ

हजरीयत : पथरीलापन

हज़लः : दुल्हन का कमरा

हज़ाक़त : प्रवीणतः कुशलता

हज़ामत : प्रवीणता होशियारी

हज़ार गाईदः : अति कुल्टा

हज़ार चश्मः : कैंसर का रोग

हज़ार चश्म : हजार आंखों वाला

हज़ार पा : हजार पॉव वाला, कनखजूरा

हज़ार सुतून : वह भवन या इमारत जिसमें हजार खम्बे हो

हज़ार हैफ़ : बहुत बहुत, पश्चाताप

हज़िक़ : बुद्धिमान, अक्लमंद, कुशल

हज़िन : दुखित, शोकान्वित

हज़िर : डरने वाला, भयभीत

हज़ीज़ : खंडित टूटा हुआ

हज़ीन : दुखी स्त्री, पीड़िता

हज़ीन : अधिमन्नीच कमीनाः दोगला

हज़ीमत : पराजय हार, क्रोध, गुस्सा

हज़ीमतखुर्द : अत्याचार, पराजित, परास्त

हज़ीर : दोपहर की कड़ी धूप

हज़ीर : बुद्धिमान, मेधावी

हज़ून : आलसी, काहिल, सुस्त

हज़ूल : व्यभिचारिणी, कुल्टा

हज़्ज़त : आनंद, ऐश, भोग विलास

हज़्ज़ाल : बहुत अधिक निन्दाजनक बातें करने वाला

हज़्जे रूहानी : अत्यात्मिक सुख

हज़्न : बच्चों का पालन पोषण

हज़्म : कुशलता, होशियारी

हज़्में, ज़खीम : बहुत काफी मोटाई

हज़्मा अेहतियात : सावधानी

हज़्मो शिकस्त : सेना की हार और भगदड़

हज़रते अक्दसः : पूज्य और पवित्र व्यक्ति के लिये शब्द

हज़रते वाअन : वह व्यक्ति जो शराब न पीने के लिए बाध्य करता हे और धार्मिक दलीले देता हे

हज़्ल : दुल्हन का सजा हुआ कोठा

हज़्ल : अश्लीलता, फक्कड़पन

हज़्लगो : अश्लील और हसने वाली कविता करने वाला

हज़्व : निन्दा, तिरस्कार, अपमान

हज़्वगोई : कविता में दूसरो की निंदा करना

हज़्वे मलीहः : ऐसी निंदा जो देखने में प्रशंसा जान पड़े

हज़्वे सरीह : स्पष्ट निंदा जिसमें दुराव न हो

हतिल : बहुत बरसने वाली घटा

हतीम : भग्न खंडित, टूटा हुआ

हत्क : दौड़कर चलना

हल्के इज़्ज़त : मान हानि इज्जत पर हमला

हत्तल मक्दूर : यथा शक्ति

हत्ताक : अपमान करने वाला

हतात : बकवासी, मुखर

हताब : लकड़हारा

हत्फ : मृत्यु, मरणा, मौत

हल्फ : आवाज स्वर

हत्म : दृढ़ता, मजबूती

हदक : वैगन

हदफ : निशाना, लक्ष्य

हदफे मलामत : जिसकी चारों और निंदा हो

हदबः : कुवड़ापन, हीला

हदसात : युवा स्त्रीयाँ, जवान औरते

हदासत : नूतनता, नयापन, आरंभ, शुरूआत

हदासते सिन : बचपन, वाल्यवास्था

हदीयः : पुरस्कार, उपहार

हसीद : नयीबात, नयी खबर

हद्दाद : लोहकार, जेलर

हदेवा : कुव्जा, कुबड़ी स्त्री

हद्सः : युवा स्त्री जवान औरत

हद्स : प्रतिभा, बुद्धिमत्ता, अकलमन्दी

हनक़ : शत्रुता वैर

हनस : गुनाह, कसम तोड़ना

हनी : पाचक, स्वादिष्ट, सुगम

हनीन : विलाप रोना पीटना, चाह, कामना

हनूद : हिन्दू लोग

हन्नान : बहुत रोने वाला

हफ़्वात : व्यर्थ की बातें

हफ़ादत : अनुकंपा, दया

हफ़ीज : ईश्वर का नाम

हफ्त पुश्त : सात पीढ़ियां

हफ्त मंजिल : सात मालाओं का भवन

हफ्त रंग : सात रंगों वाला

हफ्ल : भीड़ जमाव

हफ्स : शेर का बच्चा

हबक : हथेली करतल

हवाबी : बुलबुले की तरह नाजुक

हबीब : मित्र, सखा

हबूव : धूलभरी आँधी

हब्बजा : वाह वाह, धन्य, धन्य

हव्से दबाम : आजन्म कारावास

हव्से बेजा : अवैध रूप से किसी को बंद रखना

हमःअुम्र : एकी उम्र वाले

हमः औक़ात : हर समय, हर वक्त

हम खोर : सब कुछ खा जाने वाला

हमःगीर : जो हर तरफ फैला हो

हमःतन : पूरी तल्लीनता के साथ

हम दाँ : सब कुछ जानने वाला बहुत बड़ा विद्वान

हमः दुश्मन : जो सबका दुश्मन हो जिसके सब शत्रु हो

हम वक्त : हर हाल में

हमः सक्त : चारो ओर

हमः सिफत : सारे गुणो वाला

हम : सुसराली रिश्तेदार

हम अ़कीदः : किसी एक धर्म पर विश्वास करने वाला

हम अ़लामत : एक जैसे लक्षणों वाले

हम अ़स़र : समकालीन

हम आवर्द : प्रतिद्वंदी

हम आवाज़ : जो किसी एक बात पर सहमत हो

हमिअनाँ : साथ चलने वाले, सहचर

हम कद्ह : एक प्याले में शराब पीने वाले बहुत घनिष्ठ
शराबी दोस्त

हमकद्र : एक जैसी प्रतिष्ठा वाले, एक जैसी इज्जत वाले

हम क़लम : एक दफ्तर में काम करने वाले

हम कास : एक प्याले में साथ साथ खाने वाले घनिष्ठ मित्र

हम कितार : एक ही वर्ग वाले

हम किरानी : साथ साथ उठना बैठना

हम खवास : एक जैसी गुणवाली औषधियां

हम खान : एक घर में रहने वाले सह निवासी

हम खू : एक से स्वभाव वाले

हम ख्वाब : एक साथ सोनेवाले अर्थात बीबी

हम गम : हम दर्द, सहानुभूति

हम गोशः : हम सायः पड़ोसी

हम चुनी : इतना, इस क़दर

हमज़ः : शैतानी

हम जंब : पास बेठने वाला साथी

हम ज़वानी : एक राय होना

हम जिंसी : एक जाति का होना

हम जुल्फः : साढू दो सगी बहनों के पति

हम जौक : एक जैसा शौक रखने वाले

हमतंग : कदम से कमद मिलाकर चलने वाला

हम तरीक़ : एक रास्ते पर चलने वाले, एक रास्ते के मुसाफिर

हम ताई : समानता, यकसा नियत

हम दविस्ताँ : एक पाठशाला में साथ पढ़े

हम दर्स : साथ पढने वाले

हमदस्ती : एक जैसा होना

हम दोश : बराबर, बराबर मिलजुल कर

हम नफस : साथी, संगी

हमन वर्द : साथ साथ चलने वाला हमराही

हम नवा : सहमत, एक राय

हम नशीं : बैठने वाला, मित्र

हम पंज : समान, बरावर शक्ति वाले

हम पल्लः : तुल्य समान बराबर

हम पा : हमराही

हममम शब : एक अचार विचार वाले

हम रहिम : सगा सहोदर

हम राहे रिकाब : साथ चलने वाला

हमरोज : उसी दिन, उसी रोज

हमवार : निरन्तर, लगातार

हमवार : समतल चौरस

हमशीर : सहोदर बहन

हमशीर जाद : बहन का लड़का

हमसरी : समानता, बरावरी

हमसाय : पड़ोस, प्रतिवास

हमसिन : एक उम्र वाले

हम सिल्क : समधी

हम सौत : जिनकी आवाज एक सी हो

हम हम : शेर की दहाड

हमाँदम : उसी समय

हमाइद : अच्छाईयाँ, खूबियाँ

हमाइल : वगल में लेटकाने की चीज

हमाकत मआव : जिसकी हरके बात मूर्खता से भरी हो

हमाना : निश्चित यकीनी शाय, मानों, गोपा

हमाम : कपोत, कबूतर

हमीदः : साधवी पुनीता उत्तम स्त्री

हमीमः : गर्म उष्ण, गर्म पानी, उष्ण जल

हमीयत : लज्जा, लाज

हम्ज़ : निचोड़ना, आंख मारना

हम्द : प्रशंसा, तारीफ ईश्वर की स्तुति

हम्दूनः : वानर, बंदर

हम्रा : खूब गोरी स्त्री

हम्ल : बोझ उठाना

हम्स : मृदुल ध्वनी

हयाते फानी : नष्ट होने वाला

हयाते मुस्तआर : नश्वर प्राण थोडे दिन का जीवन

हमारफ़्तः : जिसकी लज्जा चली गई हो

हयासोज़ : लज्जा जनक

हय्यात ः बहुत से सोप

हरकारः ः डाकिया

हरगाह ः हर समय

हरचेवादावाद ः जो हो सो हो

हरदो सरा ः उभय लोक, संसार और पर लोक

हरफनस ः हरदम, हरवक्त

हर नौअी ः हर प्रकार का

हरब ः बहुत अधिक दुख पलायन, भागना

हरम सरा ः बड़े आदमियों का जनान खाना

हरल मूहः ः हर समय, हरदम

हरसू हर तरफ, चारो तरफ

हरशबः ः हर रात को

हरहफ्त ः औरतों के सिंगार की सात वस्तुएं जैसे मेंहदी, सुर्मा पान वालों की सजावट आदि

हराम तोष ः नमक हराम

हरिक ः दग्ध जला हुआ

हरिम ः वृद्ध वूढ़ा

हरीफ़ ः जिससे मुकावला हो, शत्रु

हरीम ः घर की चार दीवारी

हरीमें यार ः प्रेमिका का घर

हरीस ः लोलुप, लोभी

हर्क : जलना

हर्जगो ः व्यर्थ बात करने वाला

हर्जगोश ः व्यर्थ की बात सुनने में समय गंवाना

हर्फ अंदाज़ ः धुर्त, वेचक

हर्फ आशना : बहुत कम पढ़ा लिखा
हर्फगीर : आलोचना करने वाला
हर्फ जनी : बातें करना, वार्तालाप करना
हर्फन हर्फन : एक एक शब्द करके पूरा विस्तार
हर्फन आश्ना : वे पढ़ा लिखा
हर्फ शनासी : केवल अक्षरों का ज्ञान
हर्फे मुकर्रर : दो वार कही ब्रात
हर्फे वस्ल : दो शब्दों को जोड़ने वाला अक्षर
हर्फो हिकायत : कथोप कथन, वार्तालाप
हर्वगाह : युद्ध क्षेत्र, रणस्थल
हर्बो जर्ब : मार काट, लड़ाई झगड़ा
हर्राफ़ : वाचाल धुर्त, चालाक
हरास : कृषक किसान
हर्स : कृषि खेती काश्तकार
हलकः : मरने वाले, हलाक होने वाला
हल्कः : गहरी कालिमा, गहरी स्याही
हलाक : किसी घटना में मरने वाला
हलावत : माधुर्य, मिठास
हलावत पसंद : जिसे मिठाई अधिक पसंद हो
हलावते ज़वाँ : बातों का रसभाषा की मधुरता
हलाहिल : बहुत ही तीव्र विष
हलीफ़ : मित्र दोस्त
हलीम : सहनशील, गंभीर
हली मुब्तबूअ : जो प्राकृति से गंभीर हो
हलीलः : विवाहिता पत्नी
हलील : पति स्वामी
हल्कः : परिधि, मंडल घेरा, समुदाय

हल्कानुमा : गोलाकुर, गोल

हल्कः बगोश : अनुयायी, बहुत अधिक श्रद्धा रखने वाला

हल्के अहबाव : दोस्तों का हल्का, मित्र वर्ग

हल्के अंदर : दरवाजे की कूंडी

हल्के माह : चाँद के चारों ओर पड़ने वाला घेरा

हल्के मेह : सूरज के चारों ओर पड़ने वाला घेरा

हल्कची : जलेवी एक प्रसिद्ध मिठाई

हल्कूम : कंठ गला

हल्के रास : मुंडन

हल्फ़ : शपथ सौंगध

हल्फ दरोगी : अदालत में झूठी शपथ उठाना

हल्फे शरूआी : धर्मशास्त्र के अनुसार उठाई हुई शपथ

हल्व : दूध, दुहना

हल्लाक : मूंडने वाला, नाई

हल्लाज : रूई धुनने वाला

हल्लाफ़ : जो व्यक्ति शपथ लेने का आदि हो

हल्लाल : समाधान करने वाला

हल्वाअे वेदूद : सूरज की गर्मी से पके फल

हवल : भेंगापन

हवाइजे सित्तः : जीवन की छ.मुख्य आवश्यकता पेशाब, परखाना, खाना पीना, सोना जागना, चलना फिरना, सांस लेना खुशी और गम

हवाअे तुंद : तेज हवा झक्कड़

हवाअे समूम : जहरीली हवा

हवारवेजी : जमी हुई धाक को उखाड़ना

हवा दिस आश्ना : दुर्घटनाऐं सहने का आदि

हवान : अपमान, बेइज्जती

हवा परस्त : अवसरवादी

हवाबाज : हवाई, जहाज उड़ानेवाला

हवाम : जमीन भीतर रहने वाली प्राणी जैसे साँप, विच्छु, चूहे, च्यूटी कीड़े मकोड़े

हवामिल : गर्भवती महिलाएं

हवारी : मुख्य बुजुर्ग, प्रतिष्ठित

हवाली : आसपास चहूँपास

हवाशी : फुट नोट्स

हवास वाख्त : जिसके होशें हवास ठीक न हो

हवासे जाहिरी : दिखाई देने वाली इंद्रियों, स्पर्श श्रवण, घ्राण, स्वाद, दृष्टि

हवासे वातिनी : भीतरी इन्द्रियां स्मरण, विचार कल्पना

हशमोखदम : नौकर चाकर, नौकरों की भीड़ भाड़

हशरात : बहुत से कीड़े मकोड़े

हशरातुल अर्ज़ : जमीन पर रेगने वाले कीड़े मकोड़े

हशाशत : प्रसन्नता, खुश

हश्तगोशः : अष्ट कौण

हश्तसद : आठसो

हश्ताद सालः : अस्सी वरस, अस्सी वर्ष का बूढ़ा

हश अंग्रेज : हंगामा मचाने वाला

हशक़ामत : प्रेमिका

हशर खिराम : ऐसी चाल चलने वाला जिससे संसार उथल पुथल हो जाये

हशरो नशूर : महाप्रलय

हशशाशोबश शाश : जो बहुत ही स्वस्थ्य हो

हसद : ईर्ष्या जलन

हसन : भलाई नेकी

हसबः : खसरा बच्चों को निकलने वाले दाने

हसव : ईधन जलाने की लकड़ी

हसीन तारीन : बहुत अधिक रूपवान

हसीर : दुःखित, तप्त शिथिल माँदा

हसूर : वह पुरुष जो स्त्री की ओर आकृष्ट न होता हो

हस्त : अस्तित्व बुजूद

हस्तिअे जाविदाँ : ऐसा जीवन जो कभी नाश न हो

हस्वे अक्ल : बुद्धि के अनुसार

हस्वे इत्तिफ़ाक : अक्समात, इतफाकिया

हस्वे इर्शाद : कहने के मुताबिक

हस्वे ईमा : ईशारे के मुताबिक

हस्वे काअद : नियमानुसार

हस्वे जर्फ : हिम्मत के मुताबिक

हस्वे जैल : जिसका ब्यौरा नीचे लिख ना हो

हस्वे तजबीज : राय के अनुसार

हस्वे दिलख्वाह : मन के अनुसार, मनोबाछित

हस्वे मज्कूर : ऊपर लिखे अनुसार

हस्वे साबिक : यथापूर्ण

हस्म : विच्छेद, काटना

हसूर : निर्भरता

हस्रत : निराशा ना उम्मेदी

हस्रत आफूरी : निराशा जनक

हस्र तज़ा : निराशा पैदा करने वाला

हस्रत जदः : ना उम्मीदी का मारा हुआ

हस्रत नसीव : जिसके भाग्य में निराशा हो

हस्रत परस्त : निराशावादी

हस्रत सामाँ : जिसके पास निराशाही निराशा हो

हस्साद : खेती काटने वाला

(हा)

हां : सावधान, खबरदार, होशियार

हाइज़ : वह स्त्री जो बालिक हो गयी हो

हाइत : भीत दीवार

हाइब : डरने वाला

हाइम : आसक्त, प्रेम मग्न

हाइर : स्तब्ध, चकित

हाइल : भयंकर, भयानक, विकराल

हाकिमें वाले : अफ्सर केअर अफ्जर

हक्कः : महाप्रलय, क़ियामत

हाज : हाजी हज करने वाला

हाजतगाह : जहां से कामना पूर्ति की इच्छा हो

हाजत खा : कामना पूरी करने वाला

हाजिव : द्वारपाल, दरवान

हाजिन : वह नाबालिक स्त्री जिसका व्याह हो गया हो

हाज़िम : पाचन शक्ति

हाज़िम : दूरदर्शी, बुद्धिमान

हाजिर : परदेशी शरणार्थी

हाज़िर जामिन : किसी अभियुक्त की न्यायालयमें उपस्थिति की जिम्मेदारी लेने वाला

हाजिर बाशी : किसी बड़े आदमी के पास हरवक्त बेठने उठने वाला

हाजिरीन : उपस्थित गण

हाज़िल : फक्कड़ बकने वाला

हाजूम : हज़्म करने वाली दवा

हांतिन : बरसने वाला बादल

हातिफ : पुकार ने वाला बुलाने वाला

हातिब : लकड़ी बेचने वाला

हातिम : न्यायधीश, ज़ज़, काज़ी

हातिमे वक्त : अपने समय का बहुत ही दानशील

हातिल : धनघोर, घटा

हादिम : नष्ट करने वाला

हादिमुल्लज्जात : यमराज, धर्मराज, यमदूत

हादी : सारवान ऊँट वाला

हानम : खनम, खातून

हाफिज : स्मरण शक्ति

हाफिद : पोती, लड़के की लड़की

हाफ़ी : न्यायकर्ता, काज़ी

हाविसे खून : रक्त प्रवाह को रोकने वाली दवा

हाम : कपाल खोपड़ी

हामूँ गर्द : जंगलों में मारा मारा फिरने वाला

हामून : जंगल रेगिस्तान

हारिज : उपद्रवी, गड़बड़ी फैलाने वाला

हारिब : भगाने वाला, पलायक

हारिश : अपने को बना ठना दिखाये का शौक

हारिस : शेर की देख रेख करने वाला संरक्षक, लालची लोभी

हारूत फन : जादूगर, इंदजाली

हारून : दूत कासिर राजदूत

हालते नज़अ : मरते समय की दशा

हालिक : बहुत अधिक काला

हालिक : प्राण लेने वाला घातक

हाशा : कदापित हरगिज

हाशिय, नशीनी : किसी बड़े आदमी की सेवा में प्रायः

उपस्थित

हासिर : अफसोस करने वाला

हासिल वसूल : लाभ नफ़ा परिणाम

हासिले कलाम : बातों का निचोड़

हासिले जर्ब : दो संख्याओं का गुणन फल

हासिले बाज़ार : बाजार की आमदनी

हासिले मव्लव : निषकर्ष

(हि)

हिंत : गेहूं

हिंदसः : संख्या, अदद गणित

हिंदीन ज़ाद : जो हिन्दूस्तान में पैदा हुआ हो भारतीय

हिंदुअे चर्ख़ : शनिग्रह

हिंदुअे चश्म : आँख की पुतली

हिकम : ज्ञान की बातं

हिकायत : कथा कहानी वार्ता

हिकायतन : कहानी के तौर पर सुनी सुनाई बात

हिक्कः : खुजली

हिक़्त : द्वेष, कीना, गुबार, शत्रुता

हिक्मत : विज्ञान साइंस

हिक्मत आमेज : बुद्धि पूर्ण तदब्बुर से भरा हुआ

हिक्मत आरा : बृद्धिमान विवेकी

हिक्कमते अमली : कूटनीति, पालिसी

हिक्मते वालिग़ : पूरी चतुराई, बुद्धिमता

हिकमते मुदनी : नगर का प्रबंध परस्पर रहने सहन के उसूल

हिज़्व : सिंह शेर

हिजा : निंदा, अपवाद बुराई

हिज़ाअ : दुर्बल और आशतक्त व्यक्ति

हिज़ाब : आड़, पर्दा, ओट

हिजाबत : द्वारपाल का काम

हिजार : भय त्रास, डर

हिज्ज़ीर : स्वभाव आदत, प्राकृति

हिज्व : पार्टी दल

हिज़्वुल इक्तिदार : शासन पत्र

ज़िहज्वुल इखिलाफ : विरोधी पार्टी

हिज्वुल्लाह : महात्माओं की जमात

हिज़्वे इख्तिलाफ : विरोधी पक्ष

हिज़्वे मुआफ़िक़ : सहपक्ष, एक पक्षीय

हिज़ : वियोग, विरह

हिज़त : वतन छोड़ना, परदेश में बसना

हिज़ाँ : वियोग जुलाई

हिजाँज़द : वियोग का सताया हुआ

हिज़ी : इस्लामी संवत्सर

हिल्लाज़ : वृक, भेड़िया

हिदायतनाम : वह पत्र जिसमें हितायते का विवरण हो

हिद्दत : तीव्रता गर्मी, हरारत क्रोध प्रकोप

हिद्दते मिज़ाज : स्वभाव में क्रोध

हिना : मेंहदी

हिना वंद : मेंहदी लगाने वाला

हिफाजते खुद इख्तियारी : आत्मरक्षा

हिफादत : अनुकम्पा, दया, प्रसन्नता

हिफ्जे मरातिव : हैसियत और पद का लिहाज

हिफ्जे शबाव : जवानी की हिफाजत

हिबः : दान अनुदान, पुरूस्कार

हिव: कुनिंद : दान करने वाला

हिव: नाम : दान पात्र

हिब रून : स्याही

हिमार: : गर्दभी, गधी, मादाखर

हिम्मत शिकत : हिम्मत तोड़ने वाला

हिम्मिस : चना

हिरावुल : सेना का वह भाग जो आगे चलता हो

हिरास: : कृतिम मनुष्य जो खेता में बना जाता है

हिरास आमेज़ : ना उम्मीद

हिरसाँ : भयभीत डरा हुआ

हिरासिंद : डराने वाला

हिरा सीद: : डराया हुआ

हिर्जे जाँ : प्राणी की रक्षा का कवच

हिर्दी : हल्दी

हिर्फत : उद्यम, रोजगार, व्यवसाय

हिर्मा : निराश, ना उम्मीद

हिर्र : बिल्ली

हिर्स : लोभ, लालच, हवस

हिलाल : नया चाँद

हिल्तीत : हींग

हिल्मविआर : गंभीर धीर शान्त

हिलय : मुखकृति

हिल्लता हुर्मत : धर्म के अनुकूल

हिश्त: : छोड़ा हुआ

हिश्फ़ : आहट

हिश्मत : आतंक़ रोव

हिसान : अश्व, घोड़ा साँड

हिसावत : मजबूती
हिसावदाँ : हिसाब जानने वाला
हिसाब दानी : गणितज्ञता
हिसाब फहमी : लेने देने का हिसाब समझना
हिसार वंदी : किले में बंद होकर बैठ जाना
हिसन : गढ़ किला
हिस्ने मुअल्लक : आकाश अंबर
हिसरिम : कच्चे अंगूरी का गुच्छा
हिस्सः ख्वाह : अपना भाग चाहने वाली
हिस्सः वख़्र : टुकड़े टुकड़े वॉटना
हिस्से मुसावी : बराबर का भाग
हिस्से मुश्तरक : वह शक्ति जिसके द्वारा सारी इन्द्रिया अपना काम करती है
हिस्सो हरकत : चलना फिरना, हिलना, डूलना
हिस्से जाहिरी : बाहांद्रिया
हिस्से वातिनी : अंत रिंद्रिय
(ही)
हीज़ : नंपुसक, नामर्द
हीतः : परिधि घेरा सीमा
हीतअ इक्तिदार : सत्त और प्रमुत्व की सीमा
हीतअ कुद्रत : शक्ति की सीमा
हीन : समय काल, वक्त
हीन हयात : जिंदगी भर
हीमिया : इन्द्रजाल, तितिलस्म जादू
हील : छल कपट, फरेव
हीलगर : वाहना बनाने वाला
हील तराश : नये नये वाहना बनाने वाला

हील शिआर : जिसका काम बहाने बनाना हो

हील : इलायची

हीलाज : जन्म पर्ची

हील कलाँ : बड़ी इलायची

हीले खुर्द : छोटी इलायची

(हु)

हुकमा : हकीम लोग, वैद्य लोग

हुकूके जौजीयत : वह अधिकार जो पत्नी को पति पर प्राप्त है

हुकूके निस्वानी : वह अधिकार जो स्त्री वर्ग को मनुष्य प्राप्त है

हुकूके शहीयत : वह अधिकार जो नगर वासियों को प्राप्त है

हकूके शौहरीयत : वह अधिकार जो पति को पत्नि पैर प्राप्त हैं

हुकुमते आईनी : वह राज जो विधान द्वारा चलाया जाता हो

हुकमते गैर अईनी : वह राज्य जो जिसमें काई विधान न हो

हुक्कः : हिचकी

हुक्कवाज : भदारी, पिटारी में से शावादे दिखाने वाला मक्कार

हुक्काम : हकिम लोग

हुक्कामरसी : हकीमो से मेल जोल

हुक्कामें वाला : किसी पदाधिकारी के ऊपर अफसरान

हुक्कमअंदाजी : ठीक निशाना मारना

हुक्मी : निश्चित यकीनी

हुक्मे इम्तिनाई : मुकदमें बीच में कोई कार्य विषेश को रोकने के लिए दिया जाये।

हुक्मे कज़ा : खुदा का हुक्म

हुक्मे कत्ऊई : आखरी और अटल हुक्म

हुक्मे गश्ती : विभागों को भेजा जाने वाला हुक्म

हुक्मे रक्बी : खुदा का हुक्म

हुक हुक : हिचकी

हुज़ाल : दुबलापन, कमजोरी

हुजुअ : निद्रा, ख्वाव, सुकून, आराम

हुजूम : जनसमूह भीड़

हुज्जतुल्लाह : ईश्वर के सत्य होने का प्रमाण

हुज्जते गोया : तर्क संगत प्रमाण

हुज्जते मोहकम : मजबूत दलील

हुज्जाज : हाजी लोग

हुज्जार : उपस्थित जन हाजिरीन

हुज़्न : खेद, शोक, संतोष

हुतमः : बहुत ही तेज आग

हताम : थोड़ा अंश

हुदः : सत्य ठीक लाभ

हुदा : सरल मार्ग, सीधा रास्ता

हुदात : हिदायत करने वाले

हुद्दे अर्बअः : मकान से मिले चारों ओर के मकान और जमीने

हुदूस : नवीनता, नयापन

हुदूजा किदम : नया और पुरानापन

हुनर नाश नास : जो हुनर की कद्र न जानता हो

हुनर शनासी : हुनकू की कद्र जानने वाली

हुफ्रा : अंजली, लप
हुफ्ज़ाज : वह लोग जिनहें कुरान कंठ हो
हुफ्टः : छिद्र सुराख
हुब : प्रेम स्नेह
हुबाव : मित्रता, दोस्ती
हुबाला : गर्भवती स्त्रियां
हवूब : वायू का बहना
हुवूर : बुद्धिमान लोग, हर्ष
हुब्बुल वतन : देश भक्ति, स्वदेश प्रेम
हुबला : गर्भवती
हुमका : मूर्ख लोग
हुमायूँ : शुभ मंगलमय
हुमुक : मूर्खता, अज्ञानता, नादानी
हुमूजत : खट्टापन, खटास
हुमैका : मूर्ख स्त्री
हुमैरा : लालरंग की स्त्री गोरी स्त्री
हुम्क : मूर्खता, नादानी
हुम्मा : ज्वर, ताप बुखार
हीम्मअे बल्ग़मी : कफ के प्रकोप से आने वाला ज्वर
हुम्मअे मुज्मिन : लगातार चलने वाला ज्वर
हुम्रत : लालिमा, सुर्खी
हुर : सेवा मुक्त दास
हुरसा : लालची लोग
हुरैर : छोटी और खूबसूरत बिल्ली
हुक़्त बौल : पेशाब की जलन
हुर्मत : प्रतिष्ठा सम्मान
हुर्मत वहा : वह धन जो किसी मान हानि के बदले दी जावे।

हुर्मान : बुद्धि, मेघा अक्ल

हुर्रा : कोलाहल, शोर

हुरीयत : स्वतंत्रता आजादी

हुल्क : विनाश, बरवादी

हुल्म : स्वप्न ख्वाब दें

हुशाशः : बचे हुए जरासे प्राण

हुसाम : तलवार खड़ग

हुसूद : ईषालु व्यक्ति

हुसूल : लाभ नफा आय आमदनी

हुसले इक्तिदार : सत्ता की प्राप्ति

हुसूले नजात : मुक्ति लाभ

हुसूले नियाज़ : मुलाकात होना

हुजूलै फ़ैज : यश लाभ, अर्थलाभ

हुसूले शिफा : रोग मुक्ति

हुसूले शुहत : किसी कार्य या कला विशेष में ख्याति

हुजूले सआदत : किसी पूज्य व्यक्ति कीसेवा का सौभाग्य प्राप्त होना

हुस्त आरा : सुन्दर, रूपवान, अच्छी शक्ल वाला

हुस्न आराई : सुन्दरता को आभूषित और श्रृंगारित करना

हुस्न खेज़ी : सौन्दर्य की वहुतात

हुस्ने अंजाम : किसी कार्य का अच्छा परिणाम होना

हुस्ने अकीदत : किसी की ओर अतयाधिक श्रद्धा

हुस्ने इत्तिफाक : किसी बात का अचानक तौर अच्छा हो जाना

हुस्ने खिताब : किसी बात को अच्छी प्रकार से सम्बोधित करना

हुस्ने गेंदु मगूँ : गेहूंए रंग का सौन्दर्य

हुस्ने गुफ्तार : बोल चाल की शिष्टता

हुस्ने गुलूसोज : सांवलापन

हुस्ने जन : किसी की ओर से अच्छा ख्याल

हुस्ने तलव : च़ीज माँगने का अच्छा ढंग

हुस्ने नजर : केवल अच्छी चीज छाँटना

हुस्ने नमकी : साँवला हुस्न

हुस्ने फिरग : इगलीस्तान का सौन्दर्य

हुस्ने मुकैयद : संसारिक सौन्दर्य

हुस्ने मुजस्सम : जो सर से पॉव तक हुस्न हो

हुस्ने समाअत : ध्यानपूर्वक सुनना अच्छी बाते सुनना

हुस्ने साद : साधारण और सरल रूप से जिसमें बनावट न हो

हुस्ने जमाल : रूप और सौन्द्रीय

हस्वः : हल्की चेचक

हुस्बान : गणना शुमार अनुमान

(हू)

हॅू : सावधानी सूचक शब्द

हूत : मछली मीन राशि

हून : तिस्कार अपमान

हूब : वह व्यक्ति भलाई न करसके न बुराई

हूर जमाल : बहुत सुन्दर स्त्री

हूराने विहिश्त : स्वर्ग में रहने वाली स्त्रीयों

हूरूल अीन : सुन्दर आंखो वाली हूर

हूश : जंगली जानवर, उजड्ड

(हे)

हेच : तुच्छ पोंच व्यर्थ

हेच कस : अद्यम नीच, कमीना

हेच कार : निकम्मा का हिल

हेचमदाँ : निपट मूर्ख

हेचम यर्ज : जिसका कोई मूल्य न हो

हेच मर्द : दीन दुखी व्यक्ति

(है)

है अत : रूप, आकृति, शक्ल

है अतदाँ : ज्योतिषी, खगोल

हैअत कजाई : वेषभूषा, सूरत

हैअते मज्मूई : कोई वस्तु अपने सारे अंगों के साथ

हैकल : प्रसाद भवन, बड़ी इमारत, गले की माला

हैजा : युद्ध समर जंग लड़ाई

हैजान : अशांति, गड़बड़ी

हैजूमकश : लगाई, बुझाई करने वाला

हैजम फरोशी : ईधन बेचने वाला

हैतान : आकृत, असत्य

हैदर : शेर सिंह

हैफ : हाय हाय अफसोस

हैवत : आतंक, धाक भय

हैवत नाकी : खौफनाकी

हैरत अफ्जा : अचम्भा बढ़ाने वाला

हैरतकद : जहां हर बात आश्चय जनक हो

हैरत ज़द : अचम्भे में पड़ा हुआ

हैरते जलूब : प्रेमिका के दर्शन से उत्पन्न निस्तवध्ता

हैल : शक्ति, बल जोर

हैलूलः आड़ ओट, आवरण पर्दा

है वानें जाहिक : हंसाने वाला प्राणी अर्थात वंदर

हैवाने नातिक : बोलने वाला प्राणी अर्थात मनुष्य

हैवाने मुत्लक़ : निरा पशू

हैस : युद्ध कलह , लड़ाई

हैसियत अुर्फी : सबसे मानी हुई प्रतिष्ठा

हैहात : हा हंत, हाथ, अफसोस

(हो)

होज़ : चकित, हैरान, खौफजद्द

होज़ॉ : युफल्ल, विकसित

ळोर : रवि सूर्य

होश वाख्त : जिसका दिमाग ठिकाने न हो

होश रूवा : होश उड़ा देने वाला

होशों ख़िरद : बुद्धि अक्ल और तमीज

(हौ)

हौजः : राज्य का केन्द्र राजधानी

हौज : छोटा हौज

हौज़ : अज्ञानता ना समझी

हौज़ : पानी का पक्का कुंड

हौदज : ऊँट या हाथीह की पीठ पैर रखा हुआ हौदा

हौन : सुख, शान्ति, प्रतिष्ठा

हौवः : ननिहाल

हौव : पाप करना गुनाह करना ख्वाहिश, इच्छा

हौबत : पाप कर्म गुनहगारी

हौबा : सुखेच्छा आराम तलवी, आलस्य

हौम : बड़ी जंग, महायुद्ध

हौरा : गोरी स्त्री जिसकी बाल आंखे काली हो

हौल : भयत्रास डर खौफ

हौल अफ्जा : भय बढ़ाने वाला

हौलि नाक : डरावना खौफ नाक

अंतिम शब्द

जैसे जैसे हम इस पुस्तक का समापन करते हैंए हमें याद आता है कि उर्दू साहित्य और शायरी के महान हस्तियों ने हमें भाषा की मिठासए गहराईए और सुंदरता से परिचित कराया है। उनकी अमर रचनाओं के कुछ अंश प्रस्तुत करते हुएए हम उन महान कवियों और लेखकों के प्रति अपनी कृतज्ञता प्रकट करते हैंए जिन्होंने उर्दू भाषा को समृद्ध बनाया।

मिर्ज़ा ग़ालिब कहते हैं

"हजारों ख्वाहिशें ऐसी कि हर ख्वाहिश पे दम निकलेए बहुत निकले मेरे अरमान लेकिन फिर भी कम निकले।"

नसीर क़ज़मी कहते हैं

"हम जो तमे इश्क़ करते हैं, तमाम उम्र वफा करते हैं।"

अल्लामा इक़बाल ने लिखा

"ख़ुदी को कर बुलंद इतनाए कि हर तक़दीर से पहलेए ख़ुदा बंदे से खुद पूछेए बता तिरी रज़ा क्या है ।"

इन महान शायरों और साहित्यकारों की प्रेरणाओं से हमें उर्दू भाषा की गहराइयों को समझने और सराहने का अवसर मिला है। यह पुस्तक एक विनम्र प्रयास है इस अनमोल धरोहर को संजोने और आगे बढ़ाने का।

हम आशा करते हैं कि यह पुस्तक पाठकों के लिए न केवल ज्ञानवर्धक साबित होगीए बल्कि उन्हें उर्दू भाषा और साहित्य के प्रति एक नई दृष्टि और प्रेम भी प्रदान करेगी।

शुक्रिया।

अजय शर्मा

www.ingramcontent.com/pod-product-compliance
Lightning Source LLC
Chambersburg PA
CBHW061416160726
47995CB00003B/627